Las Buenas Nuevas

Gálatas

Versículo por versículo

(E. J. Waggoner)

Índice

Prólogo 3

Introducción 5

1. El Auténtico Evangelio:
   La Revelación de Jesucristo 6

2. Vida por la fe de Cristo 27

3. Redimidos de la Maldición 49

4. La Adopción como Hijos 88

5. El Espíritu hace fácil la salvación 107

6. La Gloria de la Cruz 126

PRÓLOGO

En 1938 descubrí, casi por accidente, un libro recóndito y agotado, *The Glad Tidings* (Las Buenas Nuevas), de E.J. Waggoner, que había dormitado durante años en una biblioteca privada. A pesar de desconocer totalmente el autor y antecedentes de la obra, su lectura conmovió profundamente mi corazón. Comprendí que el encuentro con ese libro verdaderamente singular, había llevado mi vida a un punto decisivo. Temiendo que fuese la última oportunidad de acceder a aquel tesoro, pedí permiso para traer mi vieja máquina de escribir a la biblioteca, donde copié página tras página de los pasajes más conmovedores, a fin de atesorarlos para siempre.

Hasta que encontré *Las Buenas Nuevas*, nunca había comprendido realmente el significado de la carta de Pablo a los gálatas. Lo que me había turbado era el conflicto aparentemente irreconciliable entre la ley y la fe. Sabía que Pablo defendía en sus cartas la ley de Dios como "santa, justa y buena". Pero en Gálatas parecía querer decir lo contrario. Las aparentes discrepancias y contradicciones me dejaban perplejo. La mayoría de los comentarios sobre Gálatas que consulté me habían parecido, o bien estériles, o francamente *antinomianistas* (contrarios a la ley). La epístola estaba fuera de mi alcance, y no podía encontrar en ella esos sentimientos de amor y devoción a Cristo que tan intensamente conoció Pablo. Ante una perplejidad semejante, ¿cómo podría llegar a "gloriarme" yo también en la cruz?

El libro "Las Buenas Nuevas" habló a mi corazón como pocos libros alguna vez lo habían hecho. Claro, conciso y conmovedor, a la altura de su título.

Sólo más tarde me enteré de algo de la historia del autor y el fondo de su mensaje. Descubrí que el mensaje de este libro era en realidad una transcripción de los estudios que el Dr. Waggoner dio personalmente en una reunión de ministros en Minneapolis, Minnesota, en el otoño de 1888.

Un oyente que escuchó los estudios inusuales acertadamente discernió su valor y escribió: "En su gran misericordia el Señor envió un preciosísimo mensaje a su pueblo" por medio de E.J. Waggoner "Este mensaje tenía que presentar en forma más destacada ante el mundo al sublime Salvador, el sacrificio por los pecados del mundo entero." Ellen G White. Testimonios para los Ministros, página 91. Al momento de la presentación original, ella dijo: "El Dr. Waggoner nos ha hablado de una manera sencilla y directa. Hay luz preciosa en lo que él ha dicho… Deseo recibir cada rayo de luz que Dios me enviará, aunque ésta venga a través del más humilde de sus siervos… Veo la belleza de la verdad en la presentación de la justicia de Cristo en relación con la ley como el doctor la ha colocado ante nosotros."–Ellen G White, manuscrito 15, 1888.

Desde mi primer encuentro con el libro –hace ya más de treinta años– he soñado con tener una pequeña parte en darlo a conocer al mundo de nuestros días. Pero ha habido ciertos obstáculos: El Dr. Waggoner a menudo usó la antigua Versión Inglesa Revisada (1881); que la mayoría de los lectores modernos no tendrían acceso a ella. Por lo tanto, he sustituido la Versión Estándar Revisada, la cual usualmente está de acuerdo con la Antigua Versión Revisada. También, la sintaxis del Dr. Waggoner era en ocasiones difícil. Aunque su estilo de redacción era inusualmente clara y sucinta de escritores del siglo XIX. He tratado de presentarlo en el ropaje literario adecuado a nuestro tiempo. Se han eliminado afirmaciones redundantes, cuidando de no alterar el pensamiento o el énfasis del texto original. Otros párrafos que no eran vitales para la enseñanza básica de la justicia por la fe han sido pasados por alto, por resultar irrelevantes para el gran mensaje del libro. Se ha hecho todo esfuerzo a fin de preservar el mensaje original de Waggoner sobre la justificación por la fe, exactamente tal como él lo enseñó.

Quizá deba tomar prestadas las palabras de C. S. Lewis en referencia a *Los Sermones sin palabras* de George McDonald, y aplicarlas de todo corazón a *Las Buenas Nuevas*, de Waggoner: "La magnitud de mi deuda hacia ese libro es casi tan grande como todo lo que un hombre puede deber a otro". Me siento muy complacido por poder ofrecer al lector moderno un tesoro que espero resulte tan enriquecedor para su vida como lo ha sido para la mía.

Robert J. Wieland

Introducción

Al escribir sobre un libro de la Biblia, es muy común dedicar algún tiempo a la introducción, describiendo su naturaleza, circunstancias en las que fue escrito, y el supuesto propósito del autor, así como otros muchos elementos, algunos cercanos a la conjetura y otros derivados más objetivamente del propio texto. El lector debe aceptar todas esas declaraciones basándose en la palabra y autoridad de quien las expone. Debido a ello, es preferible introducir al lector directamente en el estudio del libro, y si éste es diligente y veraz, comprenderá por sí mismo el contenido. Aprendemos más acerca de una persona relacionándonos con ella, que atendiendo a los sentimientos que despierta en otros. Así pues, procedamos al estudio de Gálatas, y permitamos que el libro hable por sí mismo.

Nada puede tomar el lugar de las Escrituras. Si todos estudiasen la Biblia con oración y con la debida devoción, dando oído a toda palabra y recibiéndola como viniendo de Dios mismo, no habría necesidad de ningún otro libro religioso. Todo escrito debiera tener el ferviente propósito de dirigir la atención de las personas hacia la Escritura. Cualquier opinión que sustituya a la propia Biblia, por medio de la cuál alguien se sienta satisfecho sin necesidad de seguir ahondando en el estudio personal del sagrado Libro, es peor que inútil: es perjudicial. Por tal razón, animo urgentemente al lector a estudiar primeramente el texto bíblico con aplicación y esmero, de tal manera que toda posterior referencia a él resulte ya familiar. Dios permita que esta modesta ayuda al estudio de su Palabra pueda familiarizarle con la Escritura, la cual puede hacerle sabio para salvación.

E.J. Waggoner.

Capítulo 1
El Auténtico Evangelio:
La Revelación de Jesucristo

1. Pablo, apóstol (no de los hombres ni por hombre, sino por Jesucristo y Dios el Padre, que lo resucitó de los muertos, 2. y todos los hermanos que están conmigo, a las iglesias de Galacia. 3. Gracia sea a vosotros, y paz de Dios el Padre y de nuestro Señor Jesucristo, 4. El cual se dio a sí mismo por nuestros pecados para librarnos de este presente mundo malo, conforme a la voluntad de Dios y Padre nuestro. 5. Al Cual sea la gloria por los siglos de los siglos: Amén.

Los primeros cinco versículos constituyen la salutación, y contienen la totalidad del Evangelio. Si no dispusiésemos de ninguna otra Escritura, tendríamos allí lo suficiente para la salvación del mundo. Si estudiásemos esa reducida sección con tal diligencia y fervor como si fuera el único texto sagrado disponible, nuestra fe, esperanza y amor se verían infinitamente fortalecidos. Al leer esos versículos, intentemos perder de vista a los gálatas, y consideremos esas palabras como la voz de Dios hablándonos directa y personalmente por medio del apóstol.

El Apostolado

"Apóstol" significa alguien que es enviado. La confianza de Pablo estaba en proporción con la autoridad de Aquel que lo envió, y dependía de la confianza que ponía en esa autoridad y poder. "*Porque el enviado de Dios habla las palabras de Dios*" (Juan 3:34). Pablo hablaba con autoridad, y sus palabras eran "*mandatos*" del Señor (1 Cor. 14:37). Así que, al leer esta epístola, o cualquiera otra en la Biblia, no debemos pensar en peculiaridades y condicionantes personales del autor. Es verdad que cada escritor conserva su propia individualidad, dado que Dios escoge diferentes hombres para hacer diferentes tipos de obra; pero se trata siempre y en cada caso de la Palabra de Dios.

Una Comisión Divina

No solamente a los apóstoles, sino a cada uno en la iglesia se le ha dado la comisión de que "*hable conforme a las Palabras de Dios*" (1 Ped. 4:11). Todos los que están en Cristo son nuevas criaturas, reconciliadas con Dios por medio de Jesucristo; y todos los que han sido reconciliados recibieron la palabra y el ministerio de la reconciliación, de manera que son embajadores de Cristo, como si Dios rogase a los hombres por su medio, en el nombre de Cristo, que se reconcilien con Dios (2 Cor. 5:17-20). <u>Para aquellos que comunican el mensaje de Dios, eso es una poderosa salvaguarda contra el desánimo y el temor</u>. Los embajadores de los reinos terrenales tienen autoridad proporcional al poder del rey o gobernante a quien representan, y el cristiano representa al Rey de reyes y Señor de señores.

No de los Hombres

Toda la enseñanza del evangelio descansa sobre la deidad de Cristo. Tan impregnados estaban de esa verdad los apóstoles y profetas, que aparece por doquiera en sus escritos. *"Cristo es la imagen del Dios invisible"* (Col. 1:15). *"Es el resplandor de su gloria, y la imagen misma de su substancia"* (Heb. 1:3). *"En el principio era el Verbo, y el Verbo era con Dios, y el Verbo era Dios"* (Juan 1:1; ver también 17:5). *"Él es antes de todas las cosas, y por Él todas las cosas subsisten."* (Col. 1:17).

El Padre y el Hijo

"Por Jesucristo y Dios el Padre, que lo resucitó de los muertos". El Padre y el Hijo aparecen aquí asociados en términos de igualdad. *"Yo y el Padre somos uno"* (Juan 10:30). Ambos se sientan en un trono (Heb. 1:3; Apoc. 3:21). El consejo de paz será entre los dos (Zac. 6:12 y 13). Jesús fue el Hijo de Dios toda su vida, aun siendo de la simiente de David según la carne; pero fue por la resurrección de los muertos, según el Espíritu de santidad, como se demostró a todos su carácter de Hijo (Rom. 1:3 y 4). Esta epístola tiene la misma autoridad que el apostolado de Pablo: la de Aquel que posee poder para resucitar a los muertos, y la de Aquel que resucitó de los muertos.

Las Iglesias de Galacia

Galacia era una provincia de Asia Menor, llamada así por estar habitada por los galos, que provenían del territorio que hoy conocemos como Francia. Se establecieron allí hacia el tercer siglo A. de C., dando nombre a esa región (Galatia). Por supuesto eran paganos, con una religión muy similar a la de los druidas de Bretaña. Pablo fue el primero que les predicó a Cristo (Hech. 16:6; 18:23). El país de Galacia incluía también Iconio, Listra y Derbe, ciudades que Pablo y Bernabé visitaron en su primer viaje misionero (Hech. 14).

"Gracia sea a vosotros, y paz de Dios el Padre y de nuestro Señor Jesucristo"

Nos encontramos ante la Palabra de Dios, que significa mucho más que la palabra del hombre. El Señor nunca formula cumplidos vacíos. Su palabra es creadora, y aquí encontramos la forma imperativa empleada por Dios para crear mediante su Palabra.

Dios dijo: "Haya luz". Y fue la luz. Y cuando ahora pronuncia la frase: *"Gracia sea a vosotros, y paz de Dios"*, así sucede. Dios ha enviado gracia y paz, trayendo justicia y salvación a todos los hombres. También a ti, quienquiera que seas, y a mí. Cuando leas ese tercer versículo, de ninguna forma lo tomes como una fórmula de cortesía o un simple saludo al uso, sino como la palabra creadora que te trae personalmente todas las bendiciones de la paz de Dios. Representa para nosotros la misma palabra que Jesús pronunció dirigiéndose a aquella mujer: *"Tus pecados te son perdonados"*. *"Ve en paz"* (Luc. 7:48, 50).

Esa gracia y esa paz vienen de Cristo, quien *"se dio a sí mismo por nuestros pecados"*. *"A cada uno de nosotros le ha sido dada la gracia conforme a la medida del don de Cristo"* (Efe. 4:7). Pero se trata de *"la gracia de Cristo Jesús"* (2 Tim. 2:1). Por lo tanto, podemos tener la seguridad de que Cristo mismo se nos ha dado a cada uno. El hecho de que el hombre vive, es una evidencia de que Cristo le ha sido dado, ya que Cristo es la *"vida"*, y esa *"vida"* es la luz de los hombres. Esa luz y vida *"alumbra a todo hombre que viene a este mundo"* (Juan 14:6; 1:4, 9). "Por Él todas las cosas subsisten" (Col. 1:17). Dado que *"no eximió ni aun a su propio Hijo, sino que lo entregó por todos nosotros, ¿cómo no nos dará también con Él gratuitamente, todas las cosas?"* (Rom. 8:32). *"Todas las cosas que pertenece a la vida y a la piedad nos fueron dadas por su divino poder"* (2 Ped. 1:3).

En Cristo nos es dado todo el universo, y se nos concede toda la plenitud de su poder para que venzamos el pecado. Dios concede tanto valor a cada alma individualmente, como a toda su creación. Mediante la gracia, Cristo gustó la muerte por todos, de manera que todo hombre en el mundo ha recibido el "don inefable" (Heb. 2:9; 2 Cor. 9:15). *"Mucho más abundó la gracia de Dios a los muchos, y el don por la gracia de un hombre, Jesucristo"*. *"Los muchos"* significa todos, ya que *"así como por el delito de uno vino la condenación a todos los hombres, así también por la justicia de uno, vino la gracia a todos los hombres para justificación de vida"* (Rom. 5:15, 18).

Cristo se da a todo hombre. Por lo tanto, cada uno recibe la totalidad de Cristo. El amor de Dios abarca al mundo entero, a la vez que llega individualmente a cada persona. El amor de una madre no queda mermado al dividirse hacia cada uno de sus hijos, de forma que estos no reciban más que la tercera, cuarta o quinta parte de él. No: cada hijo es objeto de todo el amor de su madre. ¡Cuánto más será así con Dios, cuyo amor es más perfecto que el de la mejor madre imaginable! (Isa. 49:15). Cristo es la Luz del mundo, el Sol de justicia. Pero la luz que ilumina a un hombre en nada disminuye la que alumbra a los demás. Si una habitación está perfectamente iluminada, cada uno de sus ocupantes se beneficia de la totalidad de la luz existente, tanto como si fuese el único presente en aquel lugar. Así, la luz de Cristo alumbra a todo ser humano que viene a este mundo. En el corazón de todo aquel que cree, Cristo mora en su plenitud. Planta una semilla en la tierra y obtendrás muchas más semillas, cada una de las cuales tendrá tanta vida como aquella primera de la que proceden. Cristo, la verdadera Simiente, da a todos la plenitud de su vida.

Cristo Nos Compró

Cuán a menudo oímos a personas lamentarse en estos términos: 'Soy tan pecador que el Señor no me aceptará'. Incluso algunos que han profesado ser cristianos durante años, expresan el deseo tristemente incumplido de lograr seguridad de la aceptación de Dios. Pero el Señor no ha provisto razón alguna para esas dudas. Nuestra aceptación queda asegurada por siempre. Cristo nos ha comprado, y pagó ya el precio.

¿Cuál es la razón por la que alguien va a la tienda y compra un artículo? Porque está interesado en él. Si ha pagado su precio, tras haberlo examinado, de forma que es consciente de lo que compró, ¿temerá el vendedor que el comprador no acepte el artículo? Al contrario, si le retiene el producto, el comprador protestará: '¿por qué no me entrega aquello que me pertenece?'. A Jesús no le resulta indiferente si nos entregamos o no a Él. Se interesa con un ansia infinita por cada alma que compró con su propia sangre. *"El Hijo del hombre vino a buscar y a salvar lo que se había perdido"* (Luc. 19:10). Dios *"nos eligió en Él antes de la fundación del mundo, para que fuésemos santos y sin mancha delante de Él, en amor... para alabanza de la gloria de su gracia, con la cual nos hizo aceptos en el Amado"* (Efe. 1:4, 6).

¿Para qué se dio Cristo a sí mismo por nuestros pecados? *"Para librarnos de este presente mundo malo"*.

Se cuenta que había cierto hombre conocido por su temperamento colérico. Se enfadaba con frecuencia, echando las culpas de todo a los que lo rodeaban. Según él, ninguno de ellos hacía bien las cosas. Así pues, decidió 'apartarse del mundo' y hacerse un ermitaño.

Eligió por casa una cueva en el bosque, alejada de cualquier habitante humano. Por la mañana, tomó una tinaja y se dirigió a un arroyo para proveerse de agua con que cocinar. Las piedras estaban húmedas y resbaladizas por el crecimiento de algas en su superficie, bajo el continuo efecto del agua. Al colocar la tinaja bajo el chorro del manantial, ésta se deslizó. Volvió a colocarla, pero resbaló de nuevo. Por dos o tres veces más volvió a sucederle lo mismo.

La paciencia del ermitaño se agotó, y exclamó airado: "¡Verás si te tienes o no!" Levantó la tinaja, y la asentó con tal vehemencia y energía que quedó hecha pedazos. No había nadie a quien culpar, excepto él mismo, y tuvo el buen sentido de reconocer que lo que le hacía pecar, no era el mundo que le rodeaba en el exterior, sino el que llevaba en su interior.

Allá donde vayamos, llevamos el mundo (*"este presente mundo malo"*) con nosotros. Lo llevamos en nuestros corazones, como una pesada y abrumadora carga. Si bien querríamos obrar el bien, encontramos que *"el mal está en mí"* (Rom. 7:21). Siempre está allí *"este presente mundo malo"*, hasta que, embargados por la desesperación, clamamos: "¡Miserable de mí! ¿Quién me librará de este cuerpo de muerte?" (24).

Hasta el mismo Jesús enfrentó grandes tentaciones en el desierto, apartado de cualquier ser humano. Todas estas cosas nos enseñan que en el plan de Dios no hay ningún lugar para la vida monacal y ermitaña. El pueblo de Dios es la sal de la tierra; y la sal debe mezclarse con el objeto a preservar.

La liberación es nuestra. Cristo fue enviado para abrir los ojos de los ciegos, sacar de la cárcel a los presos, y de prisión a los que están en tinieblas (Isa. 42:7). En consonancia con eso, proclama "libertad a los cautivos, y a los presos abertura de la cárcel" (Isa. 61:1). Dice a todos los presos: "Salid" (Isa. 49:9). Es privilegio de cada uno el decir: "Oh Señor, yo soy tu siervo, tu siervo, hijo de tu sierva, rompiste mis prisiones" (Sal. 116:16).

Así es, tanto si lo creemos como si no lo hacemos. Somos los siervos del Señor, aún si nos negamos obstinadamente a servirlo. Nos ha comprado; y habiéndonos comprado, ha quebrantado toda atadura que pudiera impedirnos servirle. Si realmente creemos, tenemos la victoria que vence al mundo (1 Juan 5:4; Juan 16:33). El mensaje para nosotros es que nuestra *"milicia ha terminado"*, nuestro *"pecado está perdonado"* (Isa. 40:2).

> Me viste perdido y en condenación,
> y desde el Calvario me diste perdón;
> llevaste por mí las espinas, Señor;
> por esto de hinojos te rindo mi amor.

La Voluntad de Dios

Esta liberación es *"conforme a la voluntad de Dios y Padre nuestro"*. La voluntad de Dios es nuestra santificación (1 Tes. 4:3). Su voluntad es que todos los hombres sean salvos y vengan al conocimiento de la verdad (1 Tim. 2:4). Él *"hace todo según el consejo de su voluntad"* (Efe. 1:11). ¿Pretendemos enseñar la salvación universal, preguntará alguien? Pretendemos simplemente señalar lo que la Palabra de Dios enseña, que *"la gracia de Dios que trae salvación, se ha manifestado a todos los hombres"* (Tito 2:11). Dios ha traído la salvación a todos los hombres, y *la ha dado a cada uno* de ellos; pero desgraciadamente, la mayoría la desprecia y desecha. El juicio revelará el hecho de que a cada ser humano se le dio la plena salvación, y también que todo perdido lo fue por rechazar deliberadamente el derecho de primogenitura que se le dio como posesión.

La voluntad de Dios es, por lo tanto, algo en lo cual gozarse, y no algo que *soportar*. Incluso, si implica sufrimiento, es para nuestro bien, y tiene por fin obrar en nosotros *"un eterno peso de gloria"*, que supera toda comparación (Rom. 8:28; 2 Cor. 4:17). Podemos decir con Cristo: *"Dios mío, me deleito en hacer tu voluntad, y tu ley está en medio de mi corazón"* (Sal. 40:8).

En eso radica el consuelo de conocer la voluntad de Dios. Consiste en la liberación de nuestra esclavitud al pecado; por lo tanto, podemos orar con la más segura confianza, y con pleno agradecimiento, ya que *"ésta es la confianza que tenemos en Él, que si pedimos algo conforme a su voluntad, Él nos oye. Y si sabemos que nos oye en cualquiera cosa que pidamos, sabemos que tenemos lo que le hemos pedido"* (1 Juan 5:14, 15).

¡A Dios sea la gloria, por esa liberación! Toda la gloria es suya, sea que el hombre la reconozca o no. Darle a Él la gloria no consiste en impartirle nada, sino en reconocer el hecho. Le damos gloria al reconocer que todo el poder es suyo. *"Reconoced que el Señor es Dios. Él nos hizo, y no nosotros a nosotros mismos"* (Sal. 100:3).

El poder y la gloria están relacionados, como vemos en la oración modelo del Señor. Cuando Jesús, por su poder, había convertido el agua en vino, se nos dice que en ese milagro *"manifestó su gloria"* (Juan 2:11). Así, cuando decimos 'al Señor sea la gloria', reconocemos que todo el poder proviene de Él. No nos salvamos a nosotros mismos, pues somos "débiles". Si confesamos que toda la gloria pertenece a Dios, no cederemos al espíritu de jactancia y vanagloria.

La proclamación final del *"evangelio eterno"*, que anuncia que ha llegado la hora de su juicio, se expresa así: *"Temed a Dios, y dadle gloria"* (Apoc. 14:7). Por lo tanto, <u>la epístola a los Gálatas, que atribuye a Dios toda la gloria, constituye el establecimiento del evangelio eterno</u>. Es definida-mente un mensaje para los últimos días. Si lo estudiamos y le prestamos oído, podemos contribuir a apresurar el tiempo en el que *"la tierra será llena del conocimiento de la gloria del Señor, como las aguas cubren l mar"* (Hab. 2:14).

6. Estoy maravillado de que tan pronto os hayáis traspasado del que os llamó a la gracia de Cristo, a otro evangelio. 7. No es que haya otro, sino que hay algunos que os perturban, y quieren pervertir el evangelio de Cristo. 8. Mas si aun nosotros, o un ángel del cielo os predicare otro evangelio del que os hemos predicado, sea anatema [Maldición, condenación]. 9. Como antes hemos dicho, así ahora digo otra vez, si alguno os predicare otro evangelio del que habéis recibido, sea anatema.

El apóstol va sin dilación al tema fundamental. Su espíritu se agita dentro de sí, y tomando la pluma, escribe como sólo es capaz de hacerlo aquel que siente auténtica solicitud por las almas que están avanzando rápidamente hacia la destrucción.

Los hermanos de Pablo estaban en peligro mortal, y no había tiempo que perder en cumplidos. Había que abordar el problema de forma tan inmediata como fuera posible.

¿Quién llamó a los hombres? *"Fiel es Dios, por el cual fuisteis llamados a la comunión de su Hijo Jesucristo nuestro Señor"* (1 Cor. 1:9). *"Y el Dios de toda gracia, que nos ha llamado a su gloria eterna por Cristo*

Jesús..." (1 Ped. 5:10). *"Porque para vosotros es la promesa, y para vuestros hijos, y para todos los que están lejos, para cuantos el Señor, nuestro Dios llamare"* (Hech. 2:39). A los que están cerca y a los que están lejos: eso incluye a todos los habitantes del mundo. Por lo tanto, Dios llama a todo hombre (sin embargo, ¡no todos vienen!).

¿Acaso Pablo se estaba refiriendo a sí mismo, como si fuese él quien hubiese llamado a los hermanos de la iglesia de Galacia, y como si fuese de él, de quien se estaban separando? Un poco de reflexión nos demostrará la imposibilidad de tal cosa. Pablo mismo dijo que la apostasía sería el resultado de la labor de hombres que procurarían arrastrar discípulos en pos de sí (Hech. 20:30). Él, como siervo de Cristo, sería el último en la tierra en atraer a la gente hacia sí mismo. Si bien Dios usa agentes humanos tales como Pablo, es Dios mismo quien llama. No somos más que embajadores de Cristo. Es Dios quien ruega por medio nuestro, para que los hombres se reconcilien con Dios (2 Cor. 5:20). Puede haber muchas bocas, pero se trata solamente de una voz.

Separándose de Dios

Puesto que los hermanos de Galacia estaban separándose de Aquel que los llamó, y dado que es Dios quien llama misericordiosamente a los hombres, es evidente que estaban desertando del Señor. Juntarse o separarse de un hombre es un asunto relativamente menor, pero estar unido a Dios es algo de vital importancia.

Muchos parecen pensar que si se mantienen simplemente como 'miembros en situación normalizada' en esta o aquella iglesia, pueden estar seguros. Pero la única consideración determinante es: ¿Estoy unido al Señor, y estoy andando en su verdad? Si uno está unido al Señor, encontrará rápidamente su lugar entre el pueblo de Dios, ya que aquellos que no constituyen su pueblo, no tolerarán por mucho tiempo entre ellos a un celoso seguidor de Dios. Cuando Bernabé fue a Antioquía, exhortó a los hermanos a que *"con propósito de corazón permaneciesen en el Señor"* (Hech. 11:22 y 23). Era todo cuanto hacía falta. Si hacemos así, encontraremos muy pronto al pueblo que es propiedad de Dios.

Los que estaban abandonando al Señor, estaban ciertamente *"sin Dios en el mundo"* en la misma medida en la que se estaban separando de Él. Pero los que se hallan en esa situación son gentiles, es decir, paganos (Efe. 2:11 y 12). Así que los hermanos gálatas estaban regresando al paganismo. No podía ser de otra forma, ya que toda vez que el cristiano se aleje del Señor caerá irremisiblemente en su antigua vida de la que había sido salvado. Es imposible imaginar una situación más desesperada que la de estar "sin Dios" en este mundo.

"Otro Evangelio"

¿Cómo puede abrirse camino "otro evangelio"? El verdadero evangelio "*es poder de Dios para salvación a todo el que cree*" (Rom. 1:16). Dios mismo es el poder, y abandonarlo a Él implica abandonar el evangelio de Cristo.

Para que algo pueda pasar por "evangelio", ha de pretender traer salvación. Si no ofreciera más que muerte, jamás podría identificarse con "evangelio", que significa "buenas nuevas" o "alegres nuevas". Una promesa de muerte jamás encajaría en ese concepto. Para que una doctrina falsa pueda pasar por evangelio, ha de pretender ser el camino de la vida. De otra forma no podría engañar a nadie. Los gálatas estaban siendo seducidos a apartarse de Dios, en favor de algo que les prometía vida y salvación, pero mediante otro poder distinto del que proviene de Dios. Ese otro evangelio no era más que un evangelio de hombres. Una cosa falsa es la apariencia de algo que en realidad no existe. Una máscara no es un ser humano. Así, ese otro evangelio al que estaban siendo seducidos los gálatas no era más que el evangelio pervertido: una falsificación, un engaño. No tenía nada que ver con el auténtico evangelio.

Se plantea la cuestión: ¿Cuál es el evangelio auténtico? ¿Es el que Pablo predicó, o el que predicaban sus opositores?

Tan ciertamente como Jesucristo es para nosotros el poder de Dios, y no hay otro nombre debajo del cielo en el que podamos ser salvos, no hay más que un único y auténtico evangelio. Es el que Pablo predicó a los gálatas, y también a los corintios: el evangelio de "*Jesucristo, y... Éste crucificado*", el mismo que predicaron Enoc, Noé, Abraham, Moisés e Isaías. "*De éste dan testimonio todos los profetas, de que todos los que en Él creyeren, recibirán perdón de pecados por su Nombre*" (Hech. 10:43).

Si un hombre, o incluso un ángel del cielo, predicaran en oposición a lo que Pablo y los profetas enseñaron, se estaría colocando a sí mismo bajo condenación. No hay dos normas para el bien y el mal. Lo que traería hoy condenación es lo mismo que lo que habría traído hace cinco mil años. El plan de salvación ha sido exactamente el mismo en todo tiempo. El evangelio predicado a Abrahán (Gál. 3:8) era genuino, y fue asistido por ángeles. Los profetas de antaño predicaron ese mismo evangelio (1 Ped. 1:11 y 12). Si el evangelio que predicaron hubiese sido otro evangelio diferente del que Pablo predicó, incluso hasta ellos habrían resultado "condenados".

Pero ¿por qué es digno de condenación el que predica otro evangelio? Porque está conduciendo a otros a la condenación, llevándoles a confiar en algo falso y carente de realidad para su salvación. Dado que los Gálatas se estaban apartando de Dios, estaban poniendo su confianza de ser salvos en el poder que supuestamente tiene el hombre, en su propio poder. Pero ningún hombre puede salvar a otro (Sal. 49:7 y 8). Y *"maldito el varón que confía en el hombre, y pone carne por su brazo, y su corazón se aparta del Señor"* (Jer. 17:5). El que trae maldición sobre los demás ciertamente debe resultar maldito él mismo.

"Maldito el que hiciere errar al ciego en el camino" (Deut. 27:18). Si eso es así, de quien hace que tropiece el que está físicamente privado de la visión, ¡cuánto más cierto será de quien hunda a otro en la ruina eterna! Engañar a la gente con una falsa esperanza de salvación; ¿podría haber alguna cosa peor? Es inducir a que otros edifiquen su casa sobre el abismo sin fondo.

Un Ángel del Cielo

Pero, ¿es acaso posible que "un ángel del cielo" pueda predicar otra cosa que no sea el verdadero evangelio? Ciertamente, aunque no se tratará de un ángel que haya descendido *recientemente* del cielo. *"Y no es de maravillarse, porque el mismo Satanás se disfraza como ángel de luz. Así que, no es mucho si también sus ministros se disfrazan como ministros de justicia"* (2 Cor. 11:14 y 15). Se trata de los que se aparecen diciendo ser los espíritus de los muertos, y que pretenden traer mensajes de ultratumba. Predican invariablemente *"otro evangelio"* diferente al de Jesucristo. Guárdate de ellos. *"Amados, no creáis a todo espíritu, sino probad si los espíritus son de Dios"* (1 Juan 4:1). *"¡A la Ley y al Testimonio! Si no dijeren conforme a esto, es porque no les ha amanecido"* (Isa. 8:20). Nadie que posea la Palabra de Dios tiene por qué resultar engañado. De hecho, es imposible que lo sea, mientras se aferre a la Palabra.

10. *Porque, ¿persuado yo ahora a los hombres, o a Dios? ¿O busco agradar a los hombres? Pues si todavía tratara de agradar a los hombres, no sería siervo de Cristo.*

En los primeros tres siglos, la iglesia resultó leudada por el paganismo, y a pesar de las reformas, persiste aún mucho de él. Tal ha sido el resultado de procurar "agradar a los hombres". Los obispos pensaron que podrían ganar influencia entre los paganos rebajando la elevada norma de algunos principios del evangelio, y así lo hicieron. El resultado fue la corrupción de la iglesia.

El amor al yo está siempre en el fondo de los esfuerzos por conformar y complacer a los hombres. Los obispos deseaban (quizá muchas veces sin ser conscientes de ello) atraer discípulos en torno a sí (Hech. 20:30). Comprometían y pervertían la verdad para ganar el favor de la gente.

Así ocurría en Galacia. Los hombres estaban pervirtiendo el evangelio. Pero Pablo procuraba complacer a Dios, y no a los hombres. Él era siervo de Dios, y solamente a Él tenía que complacer. Ese principio está vigente en toda rama del servicio. Los obreros que procuran complacer a los hombres no serán nunca obreros fieles, ya que trabajarán bien solamente cuando su obra pueda ser vista, y menospreciarán todo trabajo que no haya de ser objeto de evaluación. Pablo exhorta en estos términos: "Siervos, obedeced en todo a vuestros amos terrenales, no para ser vistos, como los que quieren agradar a los hombres, sino con sinceridad de corazón, por respeto a Dios. Y todo lo que hagáis, hacedlo de corazón, como para el Señor, y no para los hombres" (Col. 3:22-24).

Hay una tendencia a suavizar el filo de la verdad, a fin de no perder el favor de alguien poderoso o influyente. ¡Cuántos no han asfixiado la convicción, por temor a perder dinero o posición! Que todos recuerden: "*Si todavía tratara de agradar a los hombres, no sería siervo de Cristo*". Pero eso no significa que hayamos de ser rudos o descorteses. No significa que hayamos de causar a alguien un agravio innecesario. Dios es bondadoso con los desagradecidos e impíos. Hemos de ser ganadores de almas, así que hemos de manifestar un talante ganador. Hemos de demostrar las cualidades subyugadoras de Aquel que es todo amor, del Crucificado.

11. Mas os hago saber, hermanos, que el evangelio predicado por mí, no es según hombre; 12. Pues ni lo recibí de ningún hombre, ni tampoco me fue enseñado, sino por revelación de Jesucristo.

El evangelio es divino, no humano. En el primer versículo el apóstol dice que no fue enviado por hombres, y que no está deseoso de complacerlos a ellos, sino a Cristo. Está claro que el mensaje que trajo provenía enteramente del cielo. Por nacimiento y por educación era contrario al evangelio, y cuando se convirtió, medió una voz proveniente del cielo. El Señor mismo se le apareció en el camino, mientras respiraba amenazas y muerte contra los santos de Dios (Hech. 9:1-22).

No hay dos personas cuya experiencia en la conversión sea idéntica. Sin embargo, los principios generales son siempre los mismos. Como Pablo, todos han de ser convertidos. Pocos tendrán una experiencia tan sobrecogedora como la de él; pero si es genuina, será una revelación del cielo tan ciertamente como lo fue la de Pablo. *"Y todos tus hijos serán enseñados por el Señor"* (Isa. 54:13). *"Y serán todos enseñados por Dios. Así que, todo el que oye y aprende del Padre, viene a mí"* (Juan 6:45). *"La unción que vosotros habéis recibido de Él, permanece en vosotros, y no tenéis necesidad que alguien os enseñe"* (1 Juan 2:27).

Pero no vayamos a suponer que en la comunicación del evangelio está de más el agente humano. Dios puso en la iglesia apóstoles, profetas, maestros y otros (1 Cor. 12:28). Es el Espíritu de Dios el que obra en todos ellos. No importa por medio de quién haya oído uno la verdad por primera vez, debe recibirla como viniendo directamente del cielo. El Espíritu Santo capacita a quienes desean hacer la voluntad de Dios para que reconozcan la verdad, tan pronto como la vean o la oigan; y éstos la aceptarán, no apoyándose en la autoridad de la persona que se la presentó, sino en la autoridad del Dios de verdad. Podemos estar tan seguros de la verdad que sostenemos y enseñamos, como lo estuvo el apóstol Pablo.

Pero cuando sea que alguien cite el nombre de algún erudito tenido en gran estima, para justificar una creencia, o para darle más peso ante otro u otros a quien pretende convencer, podemos estar seguros de que no conoce la verdad que profesa. Puede ser verdad, pero no conoce por sí mismo lo que es la verdad. Ahora bien, es el privilegio de todos el conocerla (Juan 8:31 y 32). Cuando uno mantiene una verdad que viene directamente de Dios, diez mil veces diez mil grandes nombres en favor de ella no añadirían el peso de una pluma a su autoridad; como tampoco le restaría lo más mínimo la oposición de todos los grandes hombres de la tierra.

La Revelación de Jesucristo

Observe que el mensaje de Pablo no es simplemente una revelación que proviene de Jesucristo, sino que es la "revelación *de* Jesucristo". No se trata simplemente de que Cristo comunicara algo a Pablo, sino que Él se reveló a sí mismo a Pablo. El misterio del evangelio es Cristo *en* el creyente, la esperanza de gloria (Col. 1:25-27). Solamente así puede conocerse, y darse a conocer, la verdad de Dios. Cristo no se mantiene alejado, limitándose a enunciar principios rectos para que los sigamos, sino que Él mismo influye en nosotros, toma posesión de nosotros en la medida en que nos sometemos a Él, y manifiesta su vida en nuestra carne mortal. Sin la fragancia de su Presencia, no puede haber predicación del evangelio. Jesús se reveló *en* Pablo a fin de que éste pudiera predicarlo entre los paganos. No iba a predicar *acerca de* Cristo, sino a Cristo mismo. "Porque no nos predicamos a nosotros mismos, sino a Jesucristo el Señor" (2 Cor. 4:5).

Dios anhela intensamente revelar a Cristo en todo hombre. Leemos acerca de hombres *"que con injusticia suprimen la verdad"*. Y que *"lo que de Dios se conoce, les es manifiesto... su eterno poder y divinidad... así que no tienen excusa"* (Rom. 1:18-20). Cristo es la verdad (Juan 14:6) y también poder de Dios (1 Cor. 1:24); Él es Dios (Juan 1:1). Por lo tanto, el mismo Cristo es la verdad que los hombres "suprimen". Él es la divina palabra de Dios dada a todos los hombres, a fin de que puedan cumplirla (Deut. 30:14; Rom. 10:6-8).

Pero en muchos, Cristo está tan "suprimido", que resulta difícil reconocerlo. El hecho mismo de que viven es prueba de que Cristo los ama y quisiera salvarlos. Pero está obligado a aguardar pacientemente el momento en el que reciban la Palabra, de modo que la vida perfecta de Cristo se manifieste en ellos.

Eso puede suceder en todo aquel que así lo quiera, *ahora*, no importa cuán pecaminoso y degradado sea. Place a Dios hacerlo así; por lo tanto, que cese toda resistencia.

13. Porque ya habéis oído acerca de mi conducta en otro tiempo en el judaísmo, que perseguía sobremanera a la iglesia de Dios, y la asolaba. 14. Y en el judaísmo aventajaba a muchos compatriotas de mi nación, y era mucho más celoso que todos por las tradiciones de mis padres. 15. Mas cuando agradó a Dios, que me apartó desde el vientre de mi madre y me llamó por su gracia, 16. revelar a su Hijo en mí, para que lo predicara entre los gentiles, no consulté en seguida con carne y sangre, 17. Ni subí a Jerusalén, a los que eran apóstoles antes que yo, sino que fui a Arabia, y volví de nuevo a Damasco.

¿Por qué persiguió así Pablo a la iglesia, intentando destruirla? Él mismo nos informa: sencillamente, ¡porque era celoso de las tradiciones de sus padres! Ante Agripa, declaró: *"Yo ciertamente había pensado que era mi deber hacer muchas cosas contra el nombre de Jesús de Nazaret. Lo cual también hice en Jerusalén. Habiendo recibido autoridad de los principales sacerdotes, encarcelé a muchos de los santos; y cuando eran matados, di mi voto. Y muchas veces, castigándolos por todas las sinagogas, los forcé a blasfemar; y enfurecido sobremanera contra ellos, los perseguí hasta en las ciudades extranjeras"* (Hech. 26:9-11).

Manifestando ese celo insensato por las tradiciones de sus padres, Pablo pensaba que era *"celoso de Dios"* (Hech. 22:3).

Parece increíble que alguien que profesaba adorar al Dios verdadero pudiera albergar ideas tan falsas sobre Él como para suponer que le complace un servicio como ese; sin embargo ese amargo e implacable perseguidor de los cristianos pudo decir años después: *"Yo con toda buena conciencia he vivido delante de Dios hasta el día de hoy"* (Hech. 23:1). Aunque intentando asfixiar la convicción creciente que sobre él se cernía cuando presenciaba la paciencia de los cristianos y cuando oía sus testimonios en favor de la verdad, a las puertas de la muerte, en realidad Saulo no estaba asfixiando voluntariamente su conciencia. Al contrario, ¡estaba esforzándose por preservar una conciencia irreprochable! Tan profundamente se le habían inculcado las tradiciones farisaicas que estaba seguro de que aquellas molestas convicciones debían de ser sugeridas por un mal espíritu contra el que tenía el deber de luchar. De esa forma, las convicciones del Espíritu de Dios, durante algún tiempo, no lograron más que redoblar su celo contra los cristianos. Si alguna persona carecía de pronunciamientos favorables a simpatizar con los cristianos era Saulo, el fariseo lleno de justicia propia. Era en verdad un joven sobresaliente, a quien los dirigentes judíos miraban con orgullo y expectación, confiando en que contribuiría grandemente a la restauración de la antigua grandeza de la nación y religión judía. Desde el punto de vista del mundo ante Saulo se desplegaba un futuro prometedor. Sin embargo, lo que para él era ganancia lo consideró pérdida por amor de Cristo, por cuya causa lo perdió todo (Fil. 3:7 y 8).

Pero el judaísmo no era la religión de Dios ni la de Cristo. Era tradición humana. Muchos cometen un error mayúsculo al considerar el judaísmo como la religión del Antiguo Testamento. El Antiguo Testamento enseña tanto judaísmo, como romanismo enseña el Nuevo. <u>La religión del Antiguo Testamento es la religión de Jesucristo</u>.

Cuando Pablo estaba adherido al judaísmo, en realidad no creía en el Antiguo Testamento que leía y oía diariamente, puesto que no lo entendía. De haberlo hecho, habría creído prontamente en Cristo. *"Porque los que habitaban en Jerusalén, y sus príncipes, no conociendo a Jesús, ni las palabras de los profetas que se leen cada sábado, al condenarle, las cumplieron"* (Hech. 13:27).

Las tradiciones de los padres llevaban a transgredir los mandamientos de Dios (Mat. 15:3). Dios declaró del pueblo judío: *"Este pueblo de labios me honra, pero su corazón está lejos de mí. En vano me honran, enseñando como doctrinas, mandamientos de hombres"* (8 y 9). Pero Jesús no tuvo palabra alguna de condenación que dirigir contra Moisés o sus escritos. Dijo a los judíos: *"Si vosotros creyeseis a Moisés, me creeríais a mí; porque de mí escribió él"* (Juan 5:46). Todo lo que los escribas leyeran y ordenaran a partir de esos escritos, era necesario seguirlo, pero no el ejemplo que ellos daban, puesto que no obedecían las Escrituras. *"En la cátedra de Moisés se sientan los escribas y los fariseos. Así que, todo lo que os digan que guardéis, guardadlo y hacedlo; pero no hagáis conforme a sus obras, porque ellos dicen, y no hacen"* (Mat. 23:2 y 3). Cristo añadió: *"Porque atan cargas pesadas y difíciles de llevar, y las ponen sobre los hombros de los hombres, pero ellos ni con su dedo las quieren mover"* (vers. 4).

No se trataba de los mandamientos de Dios, ya que *"sus Mandamientos no son gravosos"* (1 Juan 5:3). Tampoco eran cargas impuestas por Cristo, puesto que *"mi carga es ligera"*, dice Él (Mat. 11:30). Esos maestros judaizantes no estaban presentando a los nuevos conversos la Biblia, ni parte alguna de ella, ni estaban procurando llevarlos a seguir las Escrituras redactadas por Moisés. ¡Al contrario! Los estaban alejando de la Biblia, y estaban sustituyendo su enseñanza por mandamientos de hombres. Eso fue lo que indignó a Pablo. La religión de los judíos era algo enteramente diferente a la religión de Dios, tal como enseña la ley, los profetas y los salmos.

En su camino a Damasco, *"respirando aún amenazas y muerte"*, Saulo estaba procediendo con plena autorización a apresar y encarcelar a todos los cristianos, hombres y mujeres, cuando fue súbitamente detenido, no por manos humanas, sino por la excelsa gloria del Señor. Tres días después el Señor dijo a Ananías, al enviarlo para devolver la vista a Pablo: *"Ve, porque instrumento elegido me es éste para que lleve mi Nombre en presencia de los gentiles, y de reyes y de los hijos de Israel"* (Hech. 9:15).

¿Desde cuándo había sido Saulo elegido para ser el mensajero del Señor? Él mismo nos lo dice: *"Desde el seno de mi madre"*. Pablo no es el primero de quien sabemos haber sido apartado desde el mismo nacimiento para la obra de su vida. Recordemos el caso de Sansón (Jueces 13). Juan el Bautista fue elegido, y su carácter y obra habían sido descritos meses antes de su nacimiento. El Señor dijo a Jeremías: *"Antes que te formase en el vientre te conocí, antes que nacieras te santifiqué, y te designé por profeta a las naciones"* (Jer. 1:5). Ciro, el rey pagano, fue llamado por su nombre más de cien años antes que naciera, y se le hizo saber acerca de su papel en la obra de Dios (Isa. 44:28; 45:1-4).

No se trata de casos aislados. Lo mismo que los Tesalonicenses, todo ser humano puede tener la seguridad de *"que Dios os haya elegido desde el principio para salvación, mediante la santificación del Espíritu y la fe en la verdad"* (2 Tes. 2:13). A cada uno corresponde afirmar esa vocación y elección. Aquel *"que quiere que todos los hombres sean salvos y vengan al conocimiento de la verdad"* (1 Tim. 2:4), ha encomendado también a cada uno su propia obra (Mar. 13:34). Así, Aquel que ha provisto que hasta la creación inanimada dé testimonio, espera que el hombre -la culminación de su creación sobre la tierra- le rinda voluntariamente ese testimonio, tal como sólo la inteligencia humana puede hacerlo.

Todo hombre ha sido elegido para testificar de Dios; a todos se les asigna esa labor. A lo largo de la vida el Espíritu contiende con todo hombre a fin de inducirlo a que se emplee en la obra a la que Dios le ha llamado. Sólo el día del juicio revelará las maravillosas oportunidades que los hombres han desaprovechado temerariamente. Saulo, el violento perseguidor, vino a ser el poderoso apóstol. ¿Quién puede imaginar todo el bien que hubiesen podido efectuar otros hombres cuyo gran poder sobre sus semejantes se ha ejercido solamente para el mal, si ellos también se hubiesen sometido a la influencia del Espíritu Santo? No todos pueden ser Pablo; pero la verdad de que cada uno, de acuerdo con la capacidad que Dios le dio, ha sido elegido y llamado por Dios para testificar en su favor, dará un significado nuevo a la vida.

¡Qué pensamiento tan maravilloso, gozoso y a la vez solemne, que a todos los seres humanos que vemos a nuestro alrededor, Dios les ha encomendado su obra peculiar! Son todos siervos del Dios Todopoderoso, habiéndose asignado a cada uno su propio servicio. Debiéramos ser extremadamente cuidadosos en no obstaculizar a nadie en el más mínimo grado, en el desempeño de su labor divinamente asignada.

<u>Puesto que es Dios quien asigna a cada persona su obra, cada uno debe recibir sus órdenes de Dios, y no de los hombres. Por ello debiéramos ser más que cautelosos en dictar a nadie, en relación con su deber</u>. El Señor puede exponerles a ellos su deber, tan claramente como a nosotros; y si no le oyen a Él, difícilmente nos oirán a nosotros, incluso aunque pudiésemos dirigirlos al camino correcto. "No es del hombre que camina el ordenar su pasos" (Jer. 10:23). ¡Cuánto menos ordenar los pasos de los demás!

Consultando con Carne y Sangre

Pablo no fue a Jerusalén sino hasta tres años después de su conversión. Permaneció allí solamente quince días, y vio únicamente a dos de los apóstoles. Los hermanos estaban atemorizados por su causa, y se resistían a creer que fuese realmente un discípulo. Es pues evidente que Pablo no recibió el evangelio por intermedio de ningún hombre.

Hay mucho que aprender sobre eso de que Pablo no consultó con carne y sangre. A decir verdad no tenía necesidad de ello, pues contaba con la palabra del propio Señor. Pero un proceder tal es absolutamente inhabitual. Es más común que uno lea una cosa en la Biblia, e inmediatamente vaya a pedir la opinión de algún otro hombre, antes de atreverse a creerla. Si ninguno de sus amigos la cree, entonces teme aceptarla. Si su pastor, o cierto comentario, explican el texto de determinada manera, se atiene a ello. Se da crédito a la "carne y sangre", más bien que al Espíritu y a la Palabra.

Puede suceder que el mandamiento sea tan claro, que no exista excusa razonable para acudir a nadie en busca de su significado. La cuestión, entonces, es simplemente: '¿Puedo permitirme aceptar eso? ¿No me costará un sacrificio demasiado grande?' La "carne y sangre" más peligrosa con la que uno pueda consultar, es la propia. No es suficiente con ser independiente de otros; en materia de la verdad uno debe mantenerse también independiente de sí mismo. *"Fíate del Señor con todo tu corazón, y no te apoyes en tu propia prudencia"* (Prov. 3:5).

Un papa es alguien que pretende ocupar –en el consejo– el lugar que en derecho sólo corresponde a Dios. Aquel que se erige a sí mismo en papa -al seguir su propio consejo- es tan reprobable como el que dicta a otro; y es más fácil que se extravíe, que si siguiera a otro papa diferente de sí mismo. Si de seguir a un papa se tratara, sería más sensato aceptar al de Roma, por poseer más experiencia en el papado que ningún otro. Ahora bien, ninguno de ellos es necesario, puesto que disponemos de la Palabra de Dios. Cuando Dios habla, lo único razonable es obedecer al punto sin esperar otro consejo, ni siquiera el que viene del propio corazón de uno mismo. El nombre del Señor es "Consejero" (Isaías 9:6), y Él es "maravilloso" aconsejando. ¡Óigale!

"En Seguida"

No había tiempo que perder. Al perseguir a la iglesia, Pablo había creído estar sirviendo a Dios, y en el mismo momento en que comprendió su error, rectificó. Al ver a Jesucristo de Nazaret, lo reconoció como a su Señor, y clamó inmediatamente: "Señor, ¿qué quieres que haga?". Estaba dispuesto a poner manos a la obra sin dilación, y del modo correcto. Su actitud corresponde verdaderamente a la descrita por el Salmo 119:60: *"Me apresuré y no me tardé en guardar tus Mandamientos"*. *"Por el camino de tus Mandamientos correré, cuando Tú ensanches mi corazón"* (vers. 32).

Pablo refiere que Cristo se reveló en él a fin de que pudiera predicarlo entre los gentiles, es decir, los paganos. En 1ª de Corintios 12:2 leemos: *"Sabéis que vosotros erais gentiles, llevados, como se os llevaba, a los ídolos mudos"*. Observa que los corintios habían sido "gentiles", ¡pero dejaron de serlo al hacerse cristianos!

"Simón ha contado cómo Dios visitó por primera vez a los gentiles, para tomar de ellos pueblo para su Nombre" (Hech. 15:14), y Santiago se refirió a los creyentes en Antioquía y sus alrededores como *"los gentiles que se convierten a Dios"* (vers. 19). El pueblo de Dios es tomado de entre los gentiles, pero una vez que han sido tomados, dejan de ser gentiles. Abraham, el padre de Israel, fue tomado de entre los paganos (Josué 24:2) de igual modo en que Israel es tomado de entre los gentiles. Es de esa forma como *"todo Israel será salvo"* al entrar la plenitud de los gentiles (Rom. 11:25 y 26).

En el Salmo 2:1-3 leemos: *"¿Por qué se amotinan las naciones [gentiles, paganos], y los pueblos piensan vanidad? Se levantan los reyes de la tierra, y los príncipes consultan unidos contra el Señor y contra su Ungido, diciendo: '¡Rompamos sus lazos, librémonos de sus cuerdas!'"* Cuán a menúdo vemos cumplida esa Escritura en ciertas personas que exclaman con aire triunfal: '¡Muéstrame algún lugar en el que se ordene a los gentiles que guarden los mandamientos!', dando a entender que ellos son gentiles, y que por lo tanto no rigen para ellos las leyes de Dios. Pero contándose entre los gentiles, no se están colocando en ninguna clase precisamente honorable. Es cierto que a los gentiles no se les ordena guardar los mandamientos, como tales gentiles, puesto que eso sería imposible: tan pronto como acepten a Cristo -y la ley del Espíritu de vida en Él- dejarán de ser gentiles. El gran deseo que Dios tiene de salvar de su estado a los gentiles trayéndolos a Él, está claramente demostrado por el propio ministerio de Pablo (por no decir nada del de Cristo).

El Señor estaba tan deseoso de la conversión de los gentiles hace tres mil años, como lo está hoy. Se les predicó el evangelio antes de la primera venida de Cristo, tanto como después de ella. El Señor se dio a conocer a todas las naciones mediante muchas y diferentes agencias. Jeremías fue especialmente elegido como el profeta de los gentiles (o paganos). *"Antes que te formase en el vientre te conocí, antes que nacieras te santifiqué, y te designé por profeta a las naciones"* (Jer. 1:5). La palabra hebrea que aquí se ha traducido por "naciones" es la que se traduce ordinariamente como "paganos". Nadie imagine que Dios confinará jamás su verdad a ningún pueblo, judío o gentil. *"Porque no hay diferencia entre judío y griego; porque el mismo que es Señor de todos, es rico con todos los que lo invocan"* (Rom. 10:12).

La Predicación del Nuevo Converso

Tan pronto como Pablo se convirtió, *"en seguida empezó a predicar en las sinagogas a Jesús"* (Hech. 9:20). ¿No resulta sorprendente que de la noche a la mañana fuese capaz de predicar tan poderosamente? En verdad, es ya algo maravilloso el que alguien pueda predicar a Cristo. Pero no hay que suponer que Pablo obtuviera su conocimiento de forma instantánea, sin estudio alguno. Recuérdese que durante toda su vida había estudiado diligentemente las Escrituras. Pablo, que estaba más avanzado que ningún otro en sus días, estaba tan familiarizado con las palabras de la Biblia como lo está el primero de la clase con la tabla de multiplicar. Pero su mente había sido cegada por las tradiciones de los padres que simultáneamente se le habían inculcado. La ceguera que le sobrevino al ser rodeado de aquella luz deslumbrante, en el camino a Damasco, no era más que una representación de la ceguera de su mente; y las escamas que cayeron de sus ojos ante el mensaje de Ananías, indicaban que se hacía en él la luz de la Palabra, disipándose las tinieblas de la tradición.

Puesto que la predicación constituyó el núcleo de su incesante actividad, podemos estar seguros de que no debió dedicar la totalidad de los meses pasados en Arabia al estudio y la contemplación. Había sido un perseguidor tan implacable, y tanto de la gracia había recibido, que contaba como pérdida todo el tiempo durante el cual no había podido revelar la gracia a otros, siendo éste su sentir: "*¡Ay de mí, si no anunciara el evangelio!*" (1 Cor. 9:16). Predicó en las sinagogas –en Damasco– tan pronto como se convirtió, antes de ir a Arabia. Por lo tanto resulta lógico concluir que predicó el evangelio a los árabes. Allí debió haber predicado sin ser inquietado por la oposición que siempre tuvo que enfrentar cuando se encontraba entre los judíos; por lo tanto, sus labores en la predicación no debieron interferir significativamente en su meditación sobre el nuevo mundo que se abría ante él.

> *18. Después, pasados tres años, subí a Jerusalén a ver a Pe-dro, y estuve con él quince días. 19. Mas no vi a ningún otro de los apóstoles, sino a Santiago, el hermano del Señor. 20. Y en esto que os escribo, he aquí delante de Dios que no miento. 21. Después fui a las regiones de Siria y de Cilicia. 22. Y no era conocido de vista a las iglesias de Judea, que eran de Cristo. 23. Solamente habían oído decir: "aquel que antes nos perseguía, ahora predica la fe que en otro tiempo asolaba". 24. Y glorificaban a Dios en mí.*

Nunca tengas por incorregible a un opositor del evangelio. Hay que instruir con mansedumbre a los que se oponen, pues ¿quién sabe si Dios les dará arrepentimiento para el conocimiento de la verdad?

Muy bien se podría haber dicho de Pablo: 'Ha dispuesto de la luz con tanta claridad como ningún otro. Se le ha dado toda oportunidad; no sólo ha oído el testimonio inspirado de Esteban, sino también las confesiones de muchos mártires en los últimos momentos de su vida. Está empedernido. Es inútil esperar algo bueno de él.' Sin embargo, ese mismo Pablo vino a ser el mayor predicador del evangelio, tanto como encarnizado perseguidor fuera antes.

¿Hay algún opositor maligno contra la verdad? No lo combatas ni le reproches. Deja que guarde para sí toda su amargura y enemistad mientras tú te aferras a la Palabra de Dios y a la oración. Puede estar muy próximo el momento en el que Dios, que ahora es blasfemado, resulte en él glorificado.

Glorificando a Dios

Cuán diferente del caso de Pablo fue el de aquellos a quienes dijo: *"el Nombre de Dios es blasfemado entre los gentiles, por causa de vosotros"* (Rom. 2:24). Todo aquel que haga profesión de seguir a Dios ha de ser un medio de glorificar su nombre; y sin embargo, muchos hacen que sea blasfemado. ¿Cómo podemos hacer que su nombre sea glorificado? *"Así alumbre vuestra luz ante los hombres, para que vean vuestras obras buenas, y glorifiquen a vuestro Padre que está en el cielo"* (Mat. 5:16).

Capítulo 2
Vida por la Fe de Cristo

Muchos leerán este libro, no por simple curiosidad -para saber lo que otro piensa sobre la epístola a los Gálatas- sino con el firme propósito de obtener ayuda en esta parte tan controvertida de la Escritura. Quisiera, amable lector, hacerte algunas consideraciones personales antes de avanzar en el estudio.

Cada porción de la Biblia está relacionada con todas las restantes. Tan pronto como comprendemos bien algo, haciéndolo una parte de nosotros, se incorpora a nuestra vida y nos ayuda en la búsqueda de *mayor* conocimiento, de la misma manera en que cada bocado de comida que ingerimos y asimilamos contribuye a generar actividad en procura de más pan cotidiano. Si estudiamos con provecho la epístola a los Gálatas, se abrirá ante nosotros una gran puerta hacia *la totalidad* de la Biblia.

El camino hacia el conocimiento es algo tan simple, que muchos lo desprecian. Pero es un camino franco, abierto a todos: *"Hijo mío, si recibieres mis palabras, y mis Mandamientos atesorares dentro de ti, de manera que inclines tu oído a la sabiduría, y apliques tu corazón a la prudencia; si clamares a la inteligencia, y a la prudencia alzares tu voz, si como a la plata la buscares, y la procurares como a tesoros escondidos, entonces entenderás el temor al Señor, y hallarás el conocimiento de Dios. Porque el Señor da la sabiduría, de su boca viene el conocimiento y la inteligencia"* (Prov. 2:1-6).

Dios se apareció en un sueño a Salomón, y le prometió sabiduría. Pero no fue mediante el sueño descuidado como le vino la sabiduría. Salomón no se acostó una noche, para levantarse al día siguiente como el más sabio de todos los hombres. Deseaba tan ardientemente la sabiduría que en verdad soñaba con ella por la noche. Pero obraba en procura de ella durante el día.

Si quieres comprender la Palabra de Dios, estúdiala. Ningún hombre en la tierra puede prestarte su conocimiento. Puede ayudarte en el sentido de que no te tome tanto tiempo como a él le costó; puede orientarte en cuanto a cómo y dónde acudir; pero sea lo que sea que uno sepa realmente, ha de obtenerlo por sí mismo. Tras haber transitado una y mil veces por determinada calle, llegas a conocer cada uno de sus portales y esquinas, y eres capaz de dibujar en tu mente la totalidad del tramo. De igual manera, cuando hayas meditado vez tras vez en cierta porción de la Escritura, llegarás a poder verla rápidamente en su conjunto, así como en sus diversas facetas. Y una vez que hayas logrado tal cosa, serás capaz de apreciar en ella lo que nadie sobre la tierra podría explicarte.

1. Después, pasados catorce años, fui otra vez a Jerusalén con Bernabé, llevando también conmigo a Tito. 2. Y fui por revelación, y les comuniqué el evangelio que predico entre los gentiles, pero en particular a los que tenían cierta reputación, para no correr, o haber corrido en vano. 3. Mas ni aún Tito, que estaba conmigo, siendo griego, fue obligado a circuncidarse.

"Pasados catorce años". Siguiendo el curso natural de la narrativa significa catorce años después de la visita de Gálatas 1:18, que a su vez ocurrió tres años después de la conversión de Pablo. Por lo tanto esa visita tuvo lugar diecisiete años después de su conversión, o si se prefiere, en el año 51 D.C., fecha que coincide con la del concilio de Jerusalén referido en Hechos 15. El segundo capítulo de Gálatas trata de ese concilio, de los temas que allí se abordaron y de lo que de ellos derivó.

En el primer capítulo se nos informa que algunos estaban inquietando a los hermanos mediante una perversión del evangelio de Cristo, mediante la introducción de un falso evangelio que se intentaba hacer pasar por el verdadero. En Hechos 15:1 leemos que *"vinieron de Judea algunos que enseñaban a los hermanos: 'Si no os circuncidáis conforme al rito de Moisés, no podéis ser salvos'"*. En eso consistía el "otro evangelio" que estaban intentando dar a los hermanos, en lugar del verdadero -en realidad no era otro, puesto que no hay más que uno.

Pablo y Bernabé no estaban de modo alguno dispuestos a apoyar esa nueva predicación, sino que la resistieron *"para que la verdad del evangelio permaneciese con vosotros"* (Gál. 2:5). Los apóstoles *"tuvieron una disensión y contienda no pequeña"* con esos falsos hermanos (Hech. 15:2). La controversia se dirimía [resolvía] entre el auténtico evangelio y su falsificación.

Negando a Cristo

Una ojeada a la experiencia de la iglesia de Antioquía, que estaba sufriendo la incursión de ese nuevo evangelio, mostrará que significaba la negación más categórica del poder de Cristo para salvar.

El evangelio les fue llevado primeramente por los hermanos procedentes de la diáspora que siguió a la persecución iniciada con el martirio de Esteban. Dichos hermanos cuando *"llegaron a Antioquía, hablaron a los griegos, predicando el evangelio del Señor Jesús. Y la mano del Señor estaba con ellos. Y gran número creyó y se convirtió al Señor"* (Hech. 11:20 y 21). En aquella iglesia había profetas y maestros, y mientras que adoraban al Señor y ayunaban, el Espíritu Santo los movió a que apartaran a Bernabé y a Saulo para la obra a la que Dios les había llamado (Hech. 13:1-3). No hay duda, pues, de que la iglesia había tenido allí una experiencia profunda en las cosas de Dios. Estaban familiarizados con el Señor y con la voz del Espíritu Santo.

Y ahora, después de todo lo anterior, llegan esos hermanos diciendo: "Si no os circuncidáis conforme al rito de Moisés, no podéis ser salvos". Eso era tanto como decir: 'Toda vuestra fe en Cristo y todo el testimonio del Espíritu son nada, sin la señal de la circuncisión'. Significaba exaltar la señal de la circuncisión sin fe, por encima de la fe en Cristo sin signos exteriores. Ese "otro evangelio" constituía un ataque en toda regla al auténtico evangelio y una clara negación de Cristo.

No es sorprendente que Pablo definiera a quienes así irrumpían con esas enseñanzas como "falsos hermanos":

4. *Y esto a pesar de falsos hermanos, que a escondidas entraban a espiar la libertad que tenemos en Cristo Jesús, para traernos a esclavitud. 5. A los cuales ni por un momento nos sometimos, para que la verdad del evangelio permaneciese con vosotros.*

Pablo había afirmado, en el primer capítulo, que esos falsos hermanos "os perturban y quieren pervertir el evangelio de Cristo" (Vers. 7). En su carta a las iglesias, apóstoles y ancianos, dijo de ellos: *"Hemos oído que algunos que han salido de nosotros, os han inquietado con palabras, turbando vuestras almas, mandando circuncidaros y guardar la ley, a los cuales no dimos tal mandato."* (Hech. 15:24).

Con posterioridad ha seguido habiendo muchos más de esa clase. Tan negativa era su obra, que el apóstol sentenció de todo aquel que a ella se entregase: "sea anatema" [condenado] (ver Gál. 1:8 y 9). Esos predicadores estaban procurando de forma deliberada minar el evangelio de Cristo y destruir así a los creyentes.

Los falsos hermanos estaban diciendo: "Si no os circuncidáis conforme al rito de Moisés, no podéis ser salvos" (literalmente: no tenéis *poder* para ser salvos). Degradaban la salvación al nivel de algo meramente humano, algo dependiente del poder humano. No sabían en qué consiste realmente la circuncisión: *"Porque no es judío el que lo es por fuera, ni es circuncisión la que se hace exteriormente en la carne, sino que es judío el que lo es en el interior, y la circuncisión es la del corazón, en el Espíritu, no en letra; cuya alabanza no es de los hombres, sino de Dios"* (Rom. 2:28 y 29).

Después que hubo creído a Dios, Abraham prestó oído en cierta ocasión a la voz de Sara, en lugar de oír la del Señor, e intentó cumplir las promesas de Dios mediante el poder de su propia carne (Gén. 16). El resultado fue el fracaso: en lugar de obtener un heredero, obtuvo un esclavo. Dios le apareció entonces nuevamente, exhortándole a que caminase delante de Él con corazón íntegro, y le repitió su pacto. A fin de que recordase su fracaso, y el hecho de que "la carne nada aprovecha", Abraham recibió el sello de la circuncisión, el despojamiento de una porción de la carne. Eso había de mostrar que, puesto que en la carne "no habita el bien", las promesas de Dios pueden solamente hacerse realidad *"con el despojamiento del cuerpo de los pecados de la carne"* (Col. 2:11) mediante el Espíritu. *"Porque nosotros somos la circuncisión, los que en espíritu adoramos a Dios, y nos regocijamos en Cristo Jesús, no teniendo confianza en la carne"* (Fil. 3:3).

Por lo tanto, cuando Abraham recibió el Espíritu por la fe en Dios, fue en verdad circuncidado. *"Y recibió la circuncisión por señal, el sello de la justicia de la fe que tuvo cuando estaba aún incircunciso"* (Rom. 4:11). La circuncisión exterior jamás fue otra cosa que una mera señal exterior de la auténtica circuncisión *del corazón*. Si ésta última faltaba, la señal era un fraude; pero si la auténtica circuncisión era una realidad, entonces tenía sentido la señal exterior. Abraham es el *"padre de todos los creyentes, no circuncidados"* (Rom. 4:11). Los falsos hermanos estaban intentando sustituir la realidad por el símbolo vacío. Para ellos contaba más la cáscara de la nuez, que la nuez sin cáscara.

Jesús dijo: *"El Espíritu es el que da vida, la carne para nada aprovecha. Las palabras que yo os he hablado son espíritu y son vida"* (Juan 6:63). Los hermanos de Antioquía y Galacia habían confiado en Cristo para la salvación; ahora, algunos procuraban inducirles a confiar en la carne. No les dijeron que estaban en libertad para pecar, eso no, ¡les dijeron que tenían que guardar la ley! Pero la tenían que guardar por ellos mismos; tenían que hacerse justos a ellos mismos, sin Jesucristo. La circuncisión significaba guardar la ley. Pero la *auténtica* circuncisión era la ley escrita en el corazón por el Espíritu, y esos falsos hermanos pretendían que los creyentes confiaran en la forma *externa* de la circuncisión, a modo de sustituto de la obra del Espíritu. Aquello que se había provisto como señal de la justicia que viene por la fe, se convirtió en símbolo de la justicia propia. La pretensión de los falsos hermanos era que se circuncidasen a fin de ser justificados y salvos. Pero *"con el corazón se cree para ser justificado"* (Rom. 10:10), y *"todo lo que no es de fe, es pecado"* (Rom. 14:23). Por consiguiente, todos los esfuerzos del hombre para guardar la ley de Dios mediante su propio poder, poco importa lo fervientes y sinceros que puedan ser, tendrán un solo resultado: la imperfección, el pecado.

Cuando se suscitó esa cuestión en Jerusalén Pedro dijo a los que pretendían que los hombres se justificaran por sus propias obras y no por la fe en Cristo: *"Ahora pues, ¿por qué tentáis a Dios, poniendo sobre la cerviz de los discípulos un yugo que ni nuestros padres, ni nosotros hemos podido llevar?"* (Hech. 15:10).

Se trataba de un yugo de esclavitud, como muestran las palabras de Pablo hacia los falsos hermanos que *"a escondidas entraban a espiar la libertad que tenemos en Cristo Jesús, para traernos a esclavitud."* (Gál. 2:4). Cristo libera del pecado. Su vida es "la Ley perfecta –la de la libertad". "Por la Ley se alcanza el conocimiento del pecado" (Rom. 3:29) pero no la liberación del pecado. *"La Ley es santa, y el Mandamiento santo, justo y bueno"* (Rom. 7:12) ya que proporciona el conocimiento del pecado, condenándolo. Es como un indicador que nos informa de la dirección correcta, pero no nos lleva al lugar. Puede hacer que sepamos que no estamos en el buen camino, pero sólo Jesucristo puede hacer que andemos en él, ya que Él *es* el camino. El pecado es esclavitud. Solamente aquellos que guardan los mandamientos de Dios están en libertad (Sal. 119:45) y sólo es posible guardar los mandamientos por la fe en Cristo (Rom. 8:3 y 4).

Por lo tanto el que induzca a la gente a confiar en la ley para obtener justicia sin Cristo está realmente imponiéndoles un yugo, aprisionándolos en esclavitud. Cuando un convicto según la ley resulta encarcelado, no puede hallar liberación de sus prisiones por esa misma ley que lo condenó. Pero ello no es indicativo de la existencia de imperfección alguna en la ley. Es precisamente por tratarse de una ley justa, por lo que no declarará inocente al que es culpable.

El apóstol relata que enfrentó la falsa enseñanza que estaba ahora desviando a los hermanos de Galacia "para que la verdad del evangelio permaneciese" con ellos. Es de todo punto evidente que la epístola a los gálatas contiene el evangelio en su más pura expresión. Muchos la han comprendido mal y no obtienen provecho alguno, por pensar que se trata simplemente de una contribución más a "las contenciones y los debates acerca de la ley" (Tito 3:9) contra los que el mismo Pablo previno.

6. Pero de los que parecían ser algo (lo que hayan sido, no me importa, Dios no hace acepción de personas), a mí, pues, los que parecían ser algo, nada me comunicaron. 7. Antes por el contrario, cuando vieron que me había sido encomendada la predicación del evangelio de la incircuncisión, como a Pedro la predicación de la circuncisión.

Según Hechos, en Antioquía se tomó la determinación de que Pablo, Bernabé y algunos otros fuesen a Jerusalén, en relación con el tema debatido. Pero Pablo afirma que dicha determinación obedecía a "una revelación" (Gál. 2:2). No fue solamente por la recomendación de los hermanos, sino que fue el mismo Espíritu quien lo movió, a él y a ellos. No acudió allí con el propósito de aprender la verdad, sino de salvaguardarla. No fue para averiguar en qué consistía el evangelio, sino para comunicar el evangelio que había estado predicando entre los paganos. Los que parecían importantes en aquella asamblea no le impartieron nada. Pablo no recibió el evangelio de ningún hombre, y no necesitaba el testimonio de ningún hombre para estar seguro de la autenticidad del mismo. Cuando es Dios quien habla, la pretendida confirmación por parte de un hombre constituye una impertinencia. El Señor dispuso que los hermanos en Jerusalén oyesen el testimonio de Pablo, y que los que recientemente se habían convertido supieran que aquellos a quienes Dios había enviado hablaban las palabras de Dios, y que por lo tanto todos hablaban una misma cosa. Tras haberse apartado de los "muchos llamados dioses" para servir al único Dios, necesitaban tener la seguridad de que la verdad es solamente una, y un solo evangelio para todos los hombres.

El Evangelio No es Superstición

Nada hay en este mundo capaz de conferir gracia y justicia al ser humano, y nada hay que el hombre pueda hacer, que traiga salvación. El evangelio es poder de Dios para salvación, no poder del hombre. Cualquier enseñanza que induzca al hombre a confiar en el objeto que sea, lo mismo una imagen que un cuadro, o cualquier otra cosa, o a confiar en cualquier esfuerzo u obra propios para la salvación, incluso aunque tal esfuerzo vaya dirigido hacia la más encomiable de las metas, es una perversión de la verdad del evangelio. Es un falso evangelio. En la iglesia de Cristo no hay sacramentos que, en virtud de cierta operación mágica, confieran gracia especial al que los recibe. Sin embargo, hay obras que aquel que cree en el Señor Jesucristo, y que por lo tanto es justificado y salvo, hará como una *expresión* de su fe. *"Porque por gracia sois salvos por medio de la fe. Y esto no de vosotros, pues es don de Dios. No por obras, para que nadie se gloríe. Porque somos hechura suya, creados en Cristo Jesús para buenas obras, las cuales Dios preparó de antemano para que anduviésemos en ellas"* (Efe. 2:8-10). Esa es "la verdad del evangelio" que Pablo defendió. Es el evangelio para todo tiempo.

No Hay Monopolio de la Verdad

Ningún hombre, ningún cuerpo de hombres, tiene en esta tierra el monopolio de la verdad. No existe un rincón o lugar a donde tengan que acudir aquellos que desean conocerla, a fin de recibirla de manos de otros hombres. La verdad es independiente del ser humano. Proviene de Dios, pues Cristo, quien es el resplandor de su gloria y la misma imagen de su substancia (Heb. 1:3), *es* la verdad (Juan 14:6). Quienquiera obtenga la verdad, habrá de obtenerla de Dios y no del hombre. Así fue como Pablo recibió el evangelio. Dios puede emplear, y emplea, a seres humanos como instrumentos o conductos, pero sólo Él es el dador. Ni el nombre ni el número significan nada, al efecto de determinar cuál es la verdad. Ni es más poderosa, ni se la debe aceptar más resueltamente al ser presentada por diez mil príncipes, que cuando es un simple y humilde obrero quien la sostiene. Y no hay la menor razón para suponer que hayan de ser los diez mil príncipes quienes tengan que poseerla, antes que el humilde obrero. Todo hombre sobre la tierra puede poseer tanto de la verdad como esté dispuesto a usar, y no más (ver Juan 7:17; 12:35 y 36). El que actúa como un papa, creyendo poseer el monopolio de la verdad, y compele a los demás a que acudan a él en procura de ella, concediéndola aquí y reteniéndola allí, pierde la totalidad de la verdad que una vez pudiera poseer (si es que alguna vez tuvo algo de ella). La verdad y el espíritu papal jamás pueden coexistir. Ningún papa, ningún hombre con disposición papal, tiene la verdad. Tan pronto como un hombre recibe la verdad, deja de ser un papa. Si el papa de Roma se convirtiese y se hiciera discípulo de Cristo, en esa misma hora quedaría vacante la silla pontificia.

Lo mismo que no hay hombre que posea el monopolio de la verdad, tampoco hay lugares a los que haya necesariamente que acudir, a fin de hallarla. Los hermanos de Antioquía no necesitaban ir a Jerusalén para aprender la verdad, ni para averiguar si lo que poseían era el artículo genuino. El hecho de que la verdad fuese primeramente proclamada en un determinado lugar, no implica que sólo allí sea posible encontrarla. De hecho, los últimos lugares en el mundo en donde uno puede esperar encontrar o aprender la verdad, son precisamente las ciudades en las que el evangelio se proclamó primeramente en los siglos tempranos de la era cristiana: Jerusalén, Antioquía, Roma o Alejandría.

El papado surgió en parte de esa manera. Se asumió que aquellos lugares en donde los apóstoles -o alguno de ellos- habían predicado, debían poseer la verdad en su pureza, y que todos los mortales tenían que obtenerla de allí. Se dio igualmente por cierto que los de la ciudad debían conocerla mejor que los del ámbito rural. Así, de entre todos los obispos, que en un principio habían ocupado un plano de igualdad, sucedió pronto que los 'obispos del campo' (*chorepiscopoi*) se consideraron secundarios en relación con los que oficiaban en las grandes ciudades. Una vez que ese espíritu tomó arraigo, el paso siguiente fue necesariamente una pugna entre los propios obispos de las ciudades, para dilucidar quién sería el mayor. Esa lucha impía continuó hasta que Roma ganó la codiciada preeminencia.

Pero Jesús nació en Belén, "pequeña entre los millares de Judá" (Miq. 5:2) y pasó casi toda su vida en una pequeña población cuya "reputación" era tal, que alguien nacido en ella se hacía acreedor de comentarios como éste: "*¿De Nazaret puede salir algo bueno?*" (Juan 1:45-47). Jesús hizo posteriormente su morada en la próspera ciudad de Capernaum, pero se lo conoció siempre como "Jesús de Nazaret". El cielo no está más alejado del más insignificante pueblecillo -o hasta de la choza más solitaria- que de la mayor ciudad o del más rico palacio episcopal. Dios, "el Excelso y Sublime, el que habita la eternidad, y cuyo nombre es Santo, habita con el quebrantado y humilde de espíritu" (Isa. 57:15).

Las Apariencias Engañan

Dios mira lo que el hombre es, no lo que aparenta ser. Lo que aparenta ser depende en gran medida de los ojos que lo contemplan; lo que realmente es, demuestra la medida del poder y la sabiduría de

Dios que en él hay. Dios no se inclina ante la posición oficial. No es la posición lo que confiere autoridad, sino que es la autoridad la que da la auténtica posición. Más de un hombre humilde, sin posición en esta tierra, carente de todo reconocimiento oficial, ha ocupado una posición realmente superior y de mayor autoridad que la de todos los reyes de la tierra. La autoridad radica en la presencia de Dios en el alma, libre de restricciones.

8. Porque el que obró poderosamente en Pedro para el apostolado de la circuncisión, fue poderoso también en mí para con los gentiles.

La palabra de Dios es viva y eficaz (Heb. 4:12). Sea cual sea la actividad efectuada en la obra del evangelio, todo cuanto se haga proviene de Dios. Jesús "anduvo haciendo bienes" porque *"Dios estaba con Él"* (Hech. 10:38). Él dijo: *"de mí mismo nada puedo hacer"* (Juan 5:30), *"el Padre que mora en mí, Él hace las obras"* (Juan 14:10). Así, Pedro se refirió a Él como *"varón aprobado por Dios entre vosotros con milagros, prodigios y señales, que Dios realizó por medio de Él"* (Hech. 2:22). No es mayor el discípulo que su Señor. Pablo y Bernabé, por lo tanto, en la Asamblea de Jerusalén, *"contaron las grandes maravillas y señales que Dios había hecho por medio de ellos entre los gentiles"* (Hech. 15:12). Pablo afirmó que se había esforzado *"a fin de presentar perfecto en Cristo Jesús a todo hombre"*, *"luchando según su poder, el cual obra poderosamente en mí"* (Col. 1:28 y 29). El más humilde de los creyentes puede poseer ese mismo poder, *"porque Dios es el que obra en vosotros, tanto el querer como el hacer, por su buena voluntad"* (Fil. 2:13). El nombre de Jesús es Emmanuel: "Dios con nosotros". *Dios* con Él hizo que anduviera haciendo bienes. Pero Dios es inmutable; por lo tanto, si tenemos verdaderamente a Jesús -Dios con nosotros-, andaremos también haciendo bienes.

9. Y cuando Jacobo, Cefas y Juan, que eran considerados las columnas, al ver la gracia que me había sido dada, nos dieron a mí y a Bernabé la mano derecha en señal de compañerismo, para que nosotros fuésemos a los gentiles, y ellos a los judíos. 10. Sólo nos pidieron que nos acordásemos de los pobres, lo que fui también solícito en cumplir.

Los hermanos, en Jerusalén, demostraron su comunión con Dios en que vieron "la gracia que" le había sido dada a Pablo. Los que sean guiados por el Espíritu de Dios estarán siempre prestos a reconocer la obra del Espíritu Santo en los demás. La más segura evidencia de que uno no conoce personalmente nada del Espíritu es la incapacidad en reconocer su obra en los demás. Los otros apóstoles tenían el Espíritu Santo, y apreciaron cómo Dios había escogido a Pablo para una obra especial entre los gentiles; y aunque su forma de obrar era diferente a la de ellos, puesto que Dios le había concedido dones especiales para su obra especial, no dudaron en tenderle su mano derecha en señal de compañerismo, solicitándole únicamente que recordara a los pobres entre su propio pueblo, "lo que [fue] también solícito en cumplir".

Perfecta Unidad

Notemos que no existía diferencia de opinión entre los apóstoles, ni en la iglesia, con respecto a qué era el evangelio. Es cierto que había falsos hermanos, pero dado que eran falsos, no formaban parte de la iglesia -el cuerpo de Cristo, quien es la verdad. Muchos profesos cristianos, personas sinceras, suponen que constituye poco menos que una necesidad el que haya diferencias en la iglesia. 'Todos no pueden ver las cosas de la misma manera', es su comentario frecuente. Malinterpretan así Efesios 4:13, deduciendo que Dios nos ha concedido dones "*hasta* que todos lleguemos a la unidad de la fe". Pero la enseñanza de la Palabra es que en "*la unidad de la fe y del conocimiento del Hijo de Dios*", llegamos "*a un estado perfecto, a la madurez de la plenitud de Cristo*". Hay sólo "una fe" (vers. 5), la fe de Jesús. Así como hay solamente un Señor, y aquellos que carezcan de esa fe, estarán necesariamente desprovistos de Cristo.

La Palabra de Dios es la Verdad, y su Palabra es luz. Sólo un ciego puede dejar de apreciar el resplandor de la luz. Aunque un hombre no haya conocido ningún otro tipo de luz artificial, excepto la que procede de un candil, reconocerá inmediatamente que es luz lo que emite una bombilla eléctrica que se le muestre por primera vez. Está claro que hay diversos grados de conocimiento, pero no hay controversia alguna entre esos grados de conocimiento. Toda la verdad es una.

11. Pero cuando Pedro vino a Antioquía, le resistí en su cara, porque era de condenar. 12. Porque antes que viniesen algunos de parte de Jacobo, él comía con los gentiles. Pero cuando vinieron, se retraía y se apartaba, por temor a los de la circuncisión. 13. Y otros judíos también disimulaban con él, de tal manera que aún Bernabé fue llevado con su simulación.

No es necesario extenderse en las equivocaciones de Pedro, ni en las de ningún otro hombre piadoso. No hay provecho en ello. Pero debemos prestar atención a esa prueba irrefutable de que Pedro jamás fue considerado como 'el principal de los apóstoles', y que nunca fue, ni se tuvo, por papa. ¡Que se atreva un sacerdote, obispo o cardenal a 'resistir en su cara' al papa, ante una asamblea pública!

Pero Pedro cometió un error, y lo cometió en relación con un asunto vital, por el motivo de que no era infalible. Aceptó con mansedumbre el reproche que Pablo le dirigió; lo aceptó como el sincero y humilde cristiano que era. A la vista del relato, si es que tuviese que existir una cosa tal como una cabeza visible (humana) de la iglesia, ese honor debería haberle correspondido evidentemente a Pablo, y no a Pedro. Pablo fue enviado a los gentiles y Pedro a los judíos; pero éstos últimos constituían una parte muy pequeña de la iglesia. Los gentiles conversos los superaron rápidamente en número, de forma que la presencia de creyentes de origen judío apenas se hacía notar. Todos esos cristianos eran en gran medida fruto de las labores de Pablo, a quien se dirigían de forma natural las miradas, más bien que a los otros discípulos. Es por ello que Pablo pudo decir que pesaba sobre él "*cada día, la preocupación por todas las iglesias*" (2 Cor. 11:28). Pero la infalibilidad no es la porción de ningún ser humano, y tampoco Pablo la pretendió. El mayor en la iglesia de Cristo, no tiene señorío sobre el más débil. Jesús dijo: "*Uno es vuestro Maestro, y todos vosotros sois hermanos*" (Mat. 23:8). Y Pedro nos exhorta a estar "*todos sumisos unos a otros*" (1 Ped. 5:5).

Cuando Pedro estuvo en la Asamblea de Jerusalén, refirió la forma en que los gentiles habían recibido el evangelio mediante su predicación: "*Dios, que conoce los corazones, los reconoció dándoles el Espíritu Santo lo mismo que a nosotros. Ninguna diferencia hizo entre nosotros y ellos, pues por la fe purificó sus corazones*" (Hech. 15:8 y 9). ¿Por qué? Porque conociendo los corazones, sabía que "*todos pecaron, y están destituídos de la gloria de Dios*", por lo tanto, sólo podrían ser "*justificados gratuitamente por su gracia, mediante la redención que es en Cristo Jesús*" (Rom. 3:23 y 24). Sin embargo, después que el Señor hubo dado prueba de ello ante los ojos de Pedro –después que éste hubo predicado a los gentiles y después de haber presenciado la concesión del don del Espíritu Santo a los creyentes gentiles tanto como a los judíos; después de haber comido con ellos y de haberlos defendido fielmente;

después de haber dado un firme testimonio en la Asamblea acerca de que Dios no hizo diferencia entre judíos y gentiles; e incluso inmediatamente después de no haber hecho diferencia él mismo–, Pedro, de repente, tan pronto como "viniesen algunos" que él supuso no aprobarían una libertad tal, ¡comenzó a hacer diferencia! "Se retraía y se apartaba, por temor a los de la circunsición". Eso era "simulación", "hipocresía", como dice Pablo, y no sólo era malo en sí mismo, sino que confundiría y desviaría a los discípulos. Pedro estuvo en aquella ocasión controlado por el temor, y no por la fe.

Contrario a la Verdad del Evangelio

La oleada de temor pareció alcanzar también a los creyentes judíos, ya que "*los otros judíos participaron de su simulación, de tal manera que aún Bernabé fue llevado con su simulación*". Desde luego, "*no andaban rectamente conforme a la verdad del evangelio*" (vers. 14); pero el simple hecho de la simulación no era la totalidad de la ofensa contra la verdad del evangelio. En aquel contexto significaba una negación pública de Cristo, tanto como lo fue en aquella otra ocasión cuando Pedro cayó en la tentación bajo la súbita presión del miedo. Nosotros hemos caído en el mismo pecado demasiado a menudo como para erigirnos en jueces, pero podemos observar el hecho y sus consecuencias a modo de advertencia.

14. Cuando vi que no andaban rectamente conforme a la verdad del evangelio, dije a Pedro delante de todos: "Si tú, siendo judío, vives como los gentiles y no como judío, ¿por qué obligas a los gentiles a judaizar?"

Observa cómo la acción de Pedro y los que lo acompañaban era una virtual -aunque no intencionada- negación de Cristo. Acababa de producirse una controversia sobre la circuncisión. Se trataba de una cuestión de justificación y salvación: ¿se salvaba el hombre por la sola fe en Cristo, o por las formas externas? El testimonio fue inequívoco en el sentido de que la salvación es por la sola fe. Y ahora, estando aún viva la controversia, estando aún los "falsos hermanos" propagando sus errores, esos hermanos leales empezaron súbitamente a hacer discriminación en perjuicio de los creyentes gentiles, debido a que no estaban circuncidados. De hecho, les estaban diciendo: "Si no os circuncidáis conforme al rito de Moisés, no podéis ser salvos". Su forma de actuar decía: 'Nosotros también ponemos en duda el poder de la sola fe en Cristo para salvar a los hombres. Creemos realmente que la salvación depende de la circuncisión y de las obras de la ley. La fe en Cristo está bien, pero hay que hacer algo más. En ella misma no es suficiente'. Pablo no podía consentir una negación tal de la verdad del evangelio, y se dirigió sin rodeos a la raíz del problema.

15. Nosotros, que somos judíos de nacimiento y no pecadores de entre los gentiles, 16. sabemos que el hombre no es justificado por las obras de la Ley, sino por la fe en Jesucristo. Así, nosotros también hemos creído en Jesucristo, para ser justificados por la fe en Cristo, y no por las obras de la Ley; porque por las obras de la Ley ninguno será justificado.

¿Quería Pablo decir que por ser judíos no eran pecadores? Imposible, ya que añade inmediatamente que habían creído en Jesucristo para ser justificados. Sencillamente, eran pecadores judíos, no pecadores gentiles. Sea lo que fuere aquello de que pudiesen gloriarse como judíos, lo tenían que reputar como pérdida por causa de Cristo. No había nada que les valiera, excepto la fe en Cristo. Y siendo así, es evidente que los pecadores gentiles podían también ser salvos directamente por la fe en Cristo, sin tener que pasar por las vacías formalidades que no habían sido útiles a los judíos, y que les fueron dadas en gran medida debido a su incredulidad.

"Palabra fiel y digna de ser recibida por todos, que Cristo Jesús vino al mundo para salvar a los pecadores, de los cuales yo soy el primero" (1 Tim. 1:15). *Todos* han pecado, y son igualmente culpables ante Dios. Pero todos, de la raza o clase que sea, *pueden* aceptar esta Escritura: *"Este recibe a los pecadores, y come con ellos"* (Luc. 15:2). Un pecador circuncidado no es mejor que uno incircunciso. Un pecador que es miembro de iglesia no es mejor que uno que no lo sea. El pecador que ha pasado por la forma del bautismo no es mejor que el pecador que nunca ha hecho profesión de religión. El pecado es pecado, y los pecadores son pecadores dentro o fuera de la iglesia. Pero, gracias a Dios, Cristo es el sacrificio por nuestros pecados, tanto como por los pecados del mundo entero (1 Juan 2:2). Hay esperanza para el infiel que hace profesión de religión, como también para aquel que nunca invocó el nombre de Cristo. El mismo evangelio que se predica al mundo, hay que predicarlo a la iglesia, puesto que no hay más que un evangelio. Es útil para convertir pecadores en el mundo, tanto como para convertir pecadores en la membresía de la iglesia. Y al mismo tiempo renueva a los que están verdaderamente en Cristo.

El significado de la palabra "justificado" es "hecho justo". Deriva del latín *justitia*. Ser justo es ser recto. A eso le añadimos la terminación *ficar*, también del latín, significando "hacer". Magnificar: hacer grande. Dignificar: hacer digno, etc. Justificar: hacer justo.

En ocasiones aplicamos el término "justificar" al que es inocente de un hecho del que es acusado sin causa. Pero el tal no necesita justificación, puesto que es ya justo. Ahora bien, dado que "*todos pecaron*", no hay ninguno justo –o recto– ante Dios. Por lo tanto, todos necesitan ser justificados, o *hechos* justos.

La ley de Dios es justicia (ver Rom. 7:21; 9:39 y 31, Sal. 119:172). Tanto apreciaba Pablo la ley, que creyó en Cristo para obtener la justicia que ésta exige, pero que por sí misma es incapaz de proporcionar: "*Lo que era imposible a la Ley, por cuanto era débil por la carne; Dios, al enviar a su propio Hijo en semejanza de carne de pecado, y como sacrificio por el pecado, condenó al pecado en la carne; para que la justicia que quiere la Ley se cumpla en nosotros, que no andamos conforme a la carne, sino conforme al Espíritu*" (Rom. 8:3 y 4). La ley que declara pecadores a todos los hombres, sólo podría justificarlos afirmando que el pecado no es pecado. Pero eso no sería justificación sino contradicción.

Luego, ¿anulamos la ley? Los que persisten en el pecado lo harían gustosos, pues es una ley que los declara culpables. Pero es imposible abolir la ley de Dios, ya que es la misma vida y carácter de Él. "Así, la Ley es santa, y el Mandamiento santo, justo y bueno" (Rom. 7:12). Al leer la ley escrita vemos allí nuestro deber claramente especificado. Pero no lo hemos *cumplido*. Por lo tanto, somos culpables.

Además, nadie posee la fortaleza necesaria para guardar la ley, debido a la magnitud de sus requerimientos. Si bien es cierto que nadie puede ser justificado por las obras de la ley, no es porque la ley misma sea deficiente, sino porque el individuo lo es. Cuando Cristo mora en el corazón por la fe, la justicia de la ley mora también allí, porque Cristo dijo: "Dios mío, me deleito en hacer tu voluntad, y tu Ley está en medio de mi corazón" (Sal. 40:8). Quien desecha la ley, debido a que ésta no considera el mal como si fuese bien, rechaza en ello también a Dios "*que de ningún modo tendrá por inocente al malvado*" (Éx. 34:7). Pero Dios quita la culpa y convierte al pecador en justo; es decir, lo pone en armonía con la ley. La ley que antes lo condenaba, da ahora testimonio de su justicia (ver Rom. 3:21).

Perdemos mucho si no aceptamos la Escritura tal como es. En el original, el versículo 16 contiene la expresión *"fe de Jesús"*, igual que la encontramos en Apocalipsis 14:12. Jesús es el *"autor y consumador de la fe"* (Heb. 12:2). *"La fe viene por el oír, y el oír la palabra de Cristo"* (Rom. 10:17). En el don de Cristo a todo hombre, hallamos *"la medida de fe que Dios repartió a cada uno"* (Rom. 12:3). Todo proviene de Dios. Él es quien da arrepentimiento y perdón de los pecados.

Por lo tanto, nadie puede quejarse por tener una fe débil. Quizá no haya aceptado ni usado el don, pero no existe una cosa tal como "fe débil". Uno puede ser *"débil en la fe"*, puede temer apoyarse en la fe. Pero la fe, en ella misma, es tan firme como la Palabra de Dios. No existe otra fe diferente de la fe de Cristo. Cualquier otra cosa que pretenda serlo, es una falsificación. Sólo Cristo es justo. Él ha vencido al mundo, y sólo Él tiene poder para hacerlo. En Él mora toda la plenitud de Dios, ya que la ley -Dios mismo- está en su corazón. Solamente Él guardó y puede guardar la ley a la perfección. Por lo tanto, solamente por su fe -la fe viviente, es decir, su vida en nosotros- podemos ser hechos justos.

Eso es plenamente suficiente. Él es la *"piedra probada"* (Isa. 28:16). La fe que nos da es la suya propia, probada y aprobada. No nos fallará en ninguna circunstancia. No se nos exhorta a que *intentemos* hacerlo tan bien como Él lo hizo, ni a que *intentemos* ejercer tanta fe como Él ejerció, sino simplemente a que tomemos <u>su</u> fe y *permitamos* que obre por el amor y purifique el corazón. ¡Lo hará!

"A todos los que le recibieron, a los que creen en su nombre, les dio potestad de ser hijos de Dios" (Juan 1:12). Los que le reciben son los que creen en su nombre. Creer en su nombre es creer que Él es el Hijo de Dios. Y eso significa a su vez creer que ha venido en la carne, en carne humana, en nuestra carne. Así ha de ser, puesto que su nombre es *"Dios con nosotros"*.

Creyendo en Cristo, somos justificados por la fe de Cristo, puesto que lo tenemos personalmente morando en nosotros, ejerciendo su propia fe. En sus manos está todo el poder, en el cielo y en la tierra. Reconociendo el hecho, sencillamente le permitimos que ejerza su propio poder, a su propia manera. Cristo es poderoso para hacerlo *"mucho más abundantemente de lo pedimos o entendemos, según el poder que opera en nosotros"* (Efe. 3:20).

17. Y si buscando ser justificados en Cristo, también nosotros

somos hallados pecadores, ¿es por eso Cristo ministro de pecado? ¡De ninguna manera!

Jesucristo es el Santo y el Justo (Hech. 3:14). *"Cristo apareció para quitar nuestros pecados"* (1 Juan 3:5). Él no sólo *"no cometió pecado"* (1 Ped. 2:22), sino que *"no hizo pecado"* (2 Cor. 5:21). Por lo tanto, es imposible que algún pecado provenga de Él. Cristo no imparte el pecado. En el manantial de vida que fluye de su costado herido, de su corazón traspasado, no hay vestigio alguno de impureza. Él no es ministro de pecado: no ministra el pecado a nadie.

Si en alguno que haya procurado -y hallado- la justicia mediante Cristo se encuentra posteriormente pecado, es debido a que la persona ha obstruido la corriente, haciendo que se estanque el agua. No ha dado libre curso a la Palabra, de manera que resulte glorificada. Y allí donde falta la actividad, aparece la muerte. No hay que culpar a nadie de que así suceda, fuera de la persona misma. Que ningún profeso cristiano tome consejo de sus propias imperfecciones y diga que es imposible que el creyente viva una vida sin pecado. Para un verdadero cristiano, para aquel que tiene la fe plena, lo que es imposible es vivir otra clase de vida, *"porque los que hemos muerto al pecado, ¿cómo viviremos aún en él?"* (Rom. 6:2). *"Todo aquel que es nacido de Dios no practica el pecado, porque la simiente de Dios está en él; y no puede pecar porque es nacido de Dios"* (1 Juan 3:9). Por lo tanto, *"permaneced en Él"*.

18. *porque si las cosas que destruí, las mismas vuelvo a edificar, transgresor me hago.*

Si un cristiano destruye –desecha– sus pecados mediante Cristo, para volver a edificarlos después, se constituye nuevamente en transgresor; vuelve a estar en carencia y necesidad de Cristo.

Es preciso recordar que el apóstol se está refiriendo a aquellos que creyeron en Jesucristo, que fueron justificados por la fe de Cristo. Pablo dice en Romanos 6:6: *"Nuestro viejo hombre fue crucificado juntamente con Él, para que el cuerpo del pecado sea destruido, a fin de que no sirvamos más al pecado"*. Leemos también: *"Vosotros estáis completos en Él, que es la cabeza de todo principado y potestad. En Él también fuisteis circuncidados con una circuncisión no hecha de mano, al echar de vosotros el cuerpo pecaminoso carnal, mediante la circuncisión hecha por Cristo"* (Col. 2:10 y 11).

Lo que resulta destruido es el cuerpo del pecado, y es solamente la presencia personal de la vida de Cristo la que lo destruye. Lo hace con el fin de librarnos de su poder, y de impedir que tengamos que servirle de nuevo. Queda destruido para todos, ya que Cristo abolió en su propia carne "la enemistad", la mente carnal. No la suya -pues nunca la tuvo- sino la nuestra. Llevó nuestros pecados, nuestras debilidades. Obtuvo la victoria para toda alma; el enemigo quedó desarmado. Sólo hemos de aceptar la victoria que Cristo ganó. La victoria sobre todo pecado es ya una realidad. Nuestra fe en ello lo convierte en real para nosotros. La pérdida de la fe nos coloca fuera de esa realidad, y reaparece el viejo cuerpo de los pecados. Aquello que la fe derribó, resulta reedificado por la incredulidad. Hay que recordar que esa destrucción del cuerpo pecaminoso, aunque realizada ya por Cristo para todos, pertenece al presente, en cada uno como individuo.

19. *Porque por la Ley soy muerto a la Ley, a fin de que viva para Dios.*

Muchos parecen suponer que la frase "soy muerto a la Ley" significa lo mismo que 'la ley ha muerto'. Son cosas absolutamente diferentes. La ley ha de estar en toda su fuerza para que alguien pueda morir a ella. ¿Cómo puede ser alguien "muerto a la ley"? Recibiendo la plenitud de su penalidad, que es la muerte. El sujeto está muerto, pero la ley que lo condenó está tan vigente y dispuesta a condenar a muerte a otro criminal, como lo hizo con el primero. Supongamos ahora que esa primera persona ejecutada por haber cometido grandes crímenes, de alguna forma milagrosa pudiera ser devuelta a la vida. ¿No estaría muerta a la ley? Ciertamente. La ley no podría entonces reprocharle ninguno de sus actos pasados. Ahora bien, si volvía a cometer crímenes, la ley volvería a ejecutarlo, aunque fuese como otra persona. Resucito de la muerte que me impuso la ley en razón de mi pecado, y ahora ando en "novedad de vida": estoy vivo a Dios. Como se pudo decir del Saúl de los primeros días, el Espíritu de Dios me ha "*mudado en otro hombre*" (1 Sam. 10:6). Tal es la experiencia del cristiano, como demuestra lo que sigue:

20. *Con Cristo estoy juntamente crucificado, y ya no vivo yo, mas vive Cristo en mí. Y lo que ahora vivo en la carne, lo vivo en la fe del Hijo de Dios, el cual me amó y se entregó a sí mismo por mí.*

A menos que seamos crucificados con Él, su muerte y resurrección no nos aprovechan nada. Si la cruz de Cristo permanece alejada y fuera de nosotros, aunque sólo sea por un momento, o por el espesor de un cabello, para nosotros viene a ser como si no hubiese estado crucificado. Quien quiera ver a Cristo crucificado, no debe mirar hacia atrás o hacia delante, sino hacia arriba; ya que los brazos de la cruz que fue levantada en el Calvario alcanzan desde el Paraíso perdido hasta el Paraíso restaurado, y abarcan todo el mundo de pecado. La crucifixión de Cristo no es algo circunscrito [limitado] a un solo día. Cristo es el "*Cordero que fue muerto desde la fundación del mundo*" (Apoc. 13:8). Las angustias del Calvario no cesarán mientras que haya un solo pecado o pecador. Ahora mismo está Cristo llevando los pecados de todo el mundo, ya que "todas las cosas subsisten en Él". Y cuando finalmente se vea obligado a enviar al lago de fuego a los malvados impenitentes, la angustia que sufran no será mayor de la que sufrió en la cruz el Cristo que rechazaron.

Cristo llevó nuestros pecados en su cuerpo sobre el madero (1 Ped. 2:24). Fue hecho "maldición" por nosotros al colgar del madero (Gál. 3:13). En la cruz, no solamente llevó las enfermedades y el pecado de la humanidad, sino también la maldición de la tierra. Las espinas son un estigma de la maldición (Gén. 3:17 y 18), y Cristo llevó la corona de espinas. Cristo, Cristo crucificado, lleva todo el peso de la maldición.

Allá donde veamos un ser humano hundido en la miseria, llevando las cicatrices del pecado, hemos de ver también al Cristo de Dios crucificado por él. Cristo en la cruz lo lleva todo, incluyendo los pecados de ese ser humano. Debido a su incredulidad, puede que sienta el peso gravoso de su carga. Pero si cree, puede ser librado de ella. Cristo lleva, sobre la cruz, los pecados de todo el mundo. Por lo tanto, allá donde veamos pecado, podemos estar seguros de que está la cruz de Cristo.

El pecado es un asunto personal. Está en el corazón del hombre. "*Porque de dentro, del corazón de los hombres, salen los malos pensamientos, adulterios, fornicaciones, homicidios, hurtos, avaricias, maldades, engaño, vicios, envidias, chismes, soberbia, insensatez; todas estas maldades de dentro salen, y contaminan al hombre*" (Mar. 7:21-23). "*Engañoso es el corazón más que todas las cosas, y perverso, ¿quién lo conocerá?*" (Jer. 17:9). El pecado está por naturaleza en cada fibra de nuestro ser. Somos nacidos en él, y nuestra vida es pecado, de manera que no es posible extirpar de nosotros el pecado sin arrancarnos también la vida en ello. Lo que necesito es liberación de mi propio pecado personal: no sólo ese pecado que he cometido personalmente, sino también el que mora en el corazón, el pecado que constituye el todo en mi vida.

Soy yo quien comete el pecado, lo cometo en mí mismo y no puedo separarlo de mí. ¿Debo ponerlo sobre el Señor? Sí, así es, pero ¿Cómo? ¿Puedo juntarlo en mis manos y echarlo de mí, de forma que sea Él quien lo lleve? Si pudiera separarlo lo más mínimo de mí, entonces sería salvo, sea donde fuere que el pecado fuese a parar, ya que no se encontraría en mí. En ese caso podría prescindir de Cristo, ya que si no se hallase en mí pecado, poco importaría dónde se lo hallase, yo estaría libre de él. Pero nada de lo que yo haga puede salvarme. Todos mis esfuerzos para separarme del pecado resultan vanos.

Lo anterior revela que quienquiera haya de llevar mis pecados, ha de venir hasta donde yo estoy, debe venir a mí *"Aquel era la luz verdadera, que alumbra a todo hombre, que viene a este mundo"* (Juan 1:9). Eso es precisamente lo que hace Cristo. Qué gloriosa verdad, que allí donde el pecado abundó, allí está Cristo, el Salvador del pecado. Él lleva el pecado, todo el pecado, el pecado del mundo.

En el décimo capítulo de Romanos, como ya se ha dicho, vemos a Cristo viniendo a todo hombre mediante el Espíritu, *"nuestro pronto auxilio en las tribulaciones"* (Sal. 46:1). Viene al pecador a fin de proporcionarle todo incentivo y facilidad para que se vuelva del pecado a la justicia. Él es *"el camino, la verdad y la vida"* (Juan 14:6). No hay otra vida, aparte de la suya. Pero aunque Cristo viene a todo hombre, no todo hombre manifiesta su justicia, pues algunos "suprimen la verdad con su injusticia" (Rom. 1:18).

El inspirado anhelo de Pablo es que podamos ser fortalecidos en el hombre interior por su Espíritu, *"que habite Cristo por la fe en vuestro corazón"*, *"para que seáis llenos de toda la plenitud de Dios"* (Efe. 3:16-19).

Mirando al pecador podemos ver al Cristo crucificado, ya que allí donde haya pecado y maldición, está Cristo llevándolo. Todo cuanto hace falta es que el pecador sea crucificado con Cristo, que permita que la muerte de Cristo sea su propia muerte, a fin de que la vida de Jesús pueda manifestarse en su carne mortal. La fe en el eterno poder y divinidad de Dios, que se echan de ver en toda la creación, pondrá esa verdad al alcance de todos. La semilla sembrada, no germina "si no muere" antes (1 Cor. 15:36). "Si el grano de trigo no cae en tierra y muere, queda solo. Pero al morir, lleva mucho fruto" (Juan 12:24). Así, quien es crucificado con Cristo comienza a vivir como un nuevo hombre. "Ya no vivo yo, mas vive Cristo en mí".

Ahora bien, Cristo fue crucificado hace unos dos mil años, ¿no es así? ¿Cómo pudo entonces llevar sobre sí mis pecados personales? Y también, ¿cómo puedo estar yo ahora crucificado juntamente con Él? Puede que no seamos capaces de comprenderlo, pero eso no altera la veracidad del hecho. Cuando recordamos que Cristo es la vida, "porque la Vida que estaba con el Padre, se manifestó" (1 Juan 1:2), podemos comprender más de ello. "En Él estaba la vida, y esa vida era la luz de los hombres". "Aquel Verbo era la Luz verdadera, que alumbra a todo hombre que viene a este mundo" (Juan 1:4, 9).

La carne y la sangre (lo que los ojos ven) no pueden revelar a "*Cristo, el Hijo del Dios viviente*" (Mat. 16:16 y 17), porque "*como está escrito: 'Cosas que ojo no vio, ni oído oyó, ni han subido en corazón humano, son las que Dios ha preparado para los que le aman'. Pero Dios nos lo reveló por el Espíritu*" (1 Cor. 2:9 y 10). Ningún hombre, no importa lo familiarizado que estuviera con el Carpintero de Nazaret, podía reconocerlo como al Señor, sino por el Espíritu Santo (1 Cor. 12:3).

Mediante el Espíritu, su propia presencia personal puede venir a todo hombre sobre la tierra, así como llenar el cielo; algo que Jesús en la carne no podía hacer. Por lo tanto, convenía que Él se fuese y enviase al Consolador. Cristo existía "*antes de todas las cosas, y todas las cosas en Él subsisten*" (Col. 1:17). Jesús de Nazaret era Cristo en la carne. El Verbo que era en el principio, Aquel en quien todas las cosas subsisten, es el Cristo de Dios. El sacrificio de Cristo, por lo que a este mundo respecta, rige "desde la fundación del mundo".

La escena del Calvario fue la manifestación de lo que ha venido sucediendo desde que entró el pecado, y de lo que seguirá sucediendo hasta que sea salvo el último pecador que quiera serlo: Cristo llevando los pecados del mundo. Los lleva ahora. Bastó para siempre un acto de muerte y resurrección, pues la suya es una vida eterna. Por lo tanto, no hay necesidad de la repetición del sacrificio. Esa vida es para todos los hombres en todo lugar, de manera que quien la acepte por fe se apropia del beneficio pleno del sacrificio de Cristo. Él efectuó en sí mismo la purificación de los pecados. Quien rechaza la vida de Cristo, pierde el beneficio de su sacrificio.

Cristo vivió por el Padre (Juan 6:57). Su fe en la palabra que Dios le encomendó llegó hasta el punto de permitirle manifestar de forma repetida y enfática que, tras su muerte, resucitaría al tercer día. Murió en esa fe, diciendo: "*Padre, en tus manos encomiendo mi espíritu*" (Luc. 23:46). La fe que le dio la victoria sobre la muerte, le dio también completa victoria sobre el pecado. Es la misma que ejerce cuando mora en nosotros por la fe, pues "*Jesucristo es el mismo ayer, y hoy, y por los siglos*" (Heb. 13:8).

No somos nosotros los que vivimos, sino Cristo quien vive en nosotros, y mediante su propia fe nos libra del poder de Satanás. ¿Qué debemos hacer? Permitirle que more en nosotros de la forma en que Él ha señalado. "*Haya pues, en vosotros este sentir que hubo también en Cristo Jesús*" (Fil. 2:5). (Ver también Efe. 3:17).

"*Quien me amó, y se entregó a sí mismo por mí*". ¡Qué expresión tan personal! ¡Soy el objeto de su amor! Toda persona en el mundo puede decir: "me amó, y se entregó a sí mismo por mí". Pablo murió, pero sus palabras siguen vivas. Eran ciertas al aplicarlas a sí mismo, pero no más que al aplicarlas a cualquier otro ser humano. Son las palabras que el Espíritu pone en nuestros labios, si consentimos en recibirlas. La plenitud del don de Cristo es para cada "mí" individual. Cristo no está dividido, pero cada alma goza de la plenitud del don, tanto como si no existiera otra persona en el mundo. Toda persona recibe la totalidad de la luz que brilla. El hecho de que haya millones de personas que reciben la luz del sol, no disminuye en nada la que a mí me ilumina. Obtengo el pleno beneficio de ella. No recibiría más si fuese la única persona que existiera en todo el mundo. Así, Cristo se dio a sí mismo por mí, tanto como si hubiese sido el único pecador que poblara alguna vez la tierra. Y lo mismo es cierto para todo pecador.

Cuando siembras un grano de trigo obtienes muchos más granos como el primero, cada uno de ellos conteniendo la misma vida, y tanta de ella como la que tenía la semilla original. Así sucede con Cristo, la auténtica Simiente. Al morir por nosotros a fin de que viniésemos también a ser la verdadera simiente, nos otorga a cada uno la totalidad de su vida. "*¡Gracias a Dios por su don inefable!*" (2 Cor. 9:15).

21. *No desecho la gracia de Dios; porque si por la Ley fuese la justicia, entonces Cristo murió en vano*".

Si pudiésemos salvarnos a nosotros mismos, entonces Cristo murió en vano. Pero eso es imposible. Y Cristo ciertamente no murió en vano. Por lo tanto, sólo en Él hay salvación. Es capaz de salvar a todos los que por Él se allegan a Dios (Heb. 7:25). Si nadie fuese salvo, habría muerto en vano. Pero ese no es el caso. La promesa es segura: *"Verá linaje, vivirá por largos días, y la voluntad del Señor será en su mano prosperada. Del trabajo de su alma verá y será saciado"* (Isa. 53:10 y 11).

Todo el que quiera, puede formar parte de los frutos del trabajo de su alma. Puesto que Cristo no murió en vano, no recibas "en vano la gracia de Dios" (2 Cor. 6:1).

Capítulo 3
Redimidos de la Maldición

Tras haber aceptado el evangelio, los gálatas estaban extraviandose en pos de falsos maestros que les presentaban *"otro evangelio"*, una falsificación del verdadero y único, puesto que no hay más que uno en todo tiempo y para todo ser humano.

La falsificación del evangelio se expresaba en estos términos: *"Si no os circuncidáis conforme al rito de Moisés, no podéis ser salvos"*. Si bien en nuestros días carece de relevancia el asunto de si hay que someterse o no al rito de la circuncisión; no obstante, en relación con la salvación misma está tan viva como siempre la polémica en cuanto a si participan las obras humanas, o si es solamente por Cristo.

En lugar de atacar su error y combatirlo con poderosos argumentos, el apóstol refiere a los gálatas a una experiencia que ilustra el tema objeto de discusión. En su exposición les demuestra que la salvación es solamente por la fe para todos los hombres, y de ninguna forma por las obras. De igual manera que Cristo gustó la muerte por todos, todo el que sea salvo ha de poseer la experiencia personal de la muerte, resurrección y vida de Cristo en él. Cristo en la carne, hace lo que la ley no era capaz de hacer (Gál. 2:21; Rom. 8:3 y 4). Pero el mismo hecho señalado da testimonio de la justicia de la ley. Si ésta fuera en algún respecto deficiente, Cristo no habría cumplido sus requerimientos. Cristo muestra la justicia de la ley cumpliéndola, o realizando lo que demanda la ley, no simplemente *por* nosotros, sino *en* nosotros. La gracia de Dios en Cristo atestigua sobre la majestad y santidad de la ley. No desechamos la gracia de Dios: si la justicia pudiera obtenerse por la ley, *"entonces Cristo murió en vano"*.

Pretender que la ley puede ser abolida, que sus demandas pueden ser tenidas en poco, que se las puede pasar por alto, equivale a pretender que Cristo murió en vano. Repitámoslo: la justicia no puede obtenerse por la ley, sino solamente por la fe de Cristo. Pero el hecho de que la justicia de la ley no pueda lograrse de otra manera que no sea por la crucifixión, resurrección y vida de Cristo *en* nosotros, muestra la infinita grandeza y santidad de la ley.

1. ¡Oh, gálatas insensatos! ¿Quién os fascinó para no obedecer a la verdad, ante cuyos ojos Jesucristo fue ya descrito como crucificado entre vosotros?

Pablo escribió literalmente "¿quién os *hechizó*...?" "*Ciertamente el obedecer es mejor que los sacrificios; y el prestar atención que el sebo de los carneros. Porque como pecado de hechicería es la rebeldía, y la obstinación como iniquidad e idolatría.*" (1 Sam. 15:22 y 23, Biblias King James/de Jerusalén). En hebreo, dice literalmente: "*El pecado de rebelión es hechicería, y la obstinación es rebelión e idolatría*". ¿Por qué? Porque la rebeldía y obstinación son el rechazo hacia Dios. Y aquel que rechaza a Dios se pone bajo el control de los malos espíritus. Toda idolatría es adoración al diablo. "*Lo que los gentiles sacrifican, a los demonios lo sacrifican*" (1 Cor. 10:20). No hay terreno neutral. Cristo dijo: "*El que no es conmigo, está contra mí*" (Mat. 12:30). Es decir: la desobediencia, el rechazar al Señor, es el espíritu del anticristo. Como ya hemos visto, los hermanos gálatas estaban apartándose de Dios. Inevitablemente -aunque quizá sin darse cuenta- estaban volviendo a la idolatría.

Una Salvaguarda Contra el Espiritismo

El espiritismo no es más que otra forma de referirse a la antigua hechicería, o brujería. Es un fraude, pero no el tipo de fraude que muchos imaginan. Hay en él una realidad. Es un fraude, ya que pretendiendo mantener comunicación con los espíritus de los muertos, la mantiene solamente con los espíritus de los demonios, dado que "*los muertos nada saben*". Ser un médium espiritista es entregarse al control de los demonios.

Sólo hay una forma de protegerse de ello, y es aferrarse a la Palabra de Dios. Aquel que considera con ligereza la Palabra de Dios, está perdiendo su asociación con Dios, y se pone bajo la influencia de satanás. Incluso hasta aquel que denuncia el espiritismo en los términos más enérgicos, si deja de aferrarse a la Palabra de Dios, tarde o temprano será descarriado por la poderosa seducción de la falsificación de Cristo. Sólo manteniéndose firmemente por la Palabra de Dios, podrá el creyente ser guardado en la hora de la prueba que está por venir a todo el mundo (Apoc. 3:10). "*El espíritu que ahora opera en los hijos de desobediencia*" (Efe. 2:2) es el espíritu de Satanás, el espíritu del anticristo; y el evangelio de Cristo, que revela la justicia de Dios (Rom. 1:16 y 17) es la única salvación posible para él.

Cristo, Crucificado Ante Nosotros

Cuando Pablo predicó a los gálatas, les presentó a Cristo crucificado. Tan vívida fue la descripción, que los gálatas pudieron realmente contemplarlo ante sus ojos como el Crucificado. No era un asunto de mera retórica por parte de Pablo, ni de imaginación por parte de ellos. Empleando a Pablo como instrumento, el Espíritu Santo los capacitó para ver a Cristo crucificado.

Al respecto, la experiencia de los gálatas no puede ser exclusiva de ellos. La cruz de Cristo es un hecho actual. La expresión 'Ir a la cruz' no es una mera forma de expresión, sino algo que se puede cumplir literalmente.

Nadie puede conocer la realidad del evangelio hasta que vea a Cristo crucificado ante sus ojos, y hasta ver la cruz en cada parte. Podrá ser que alguien se burle, pero el hecho de que una persona ciega no vea el sol, y niegue que éste brilla, no convencerá al que lo ve y recibe su luz. Muchos hay que podrán dar testimonio de que las palabras del apóstol, en cuanto a que Cristo fue crucificado ante los ojos de los gálatas, son más que una simple figura del lenguaje. Otros muchos han conocido esa misma experiencia. ¡Dios quiera que este estudio de la epístola pueda ser el medio de abrir los ojos a muchos más!

2. *Sólo esto quiero saber de vosotros: ¿Recibisteis el Espíritu por las obras de la ley, o por el oír de la fe?*

Hay una sola respuesta: por el oír de la fe. Se da el Espíritu a aquellos que creen (Juan 7:38 y 39; Efe. 1:13). Podemos también ver que los gálatas habían recibido el Espíritu Santo. No hay otra forma en la que pueda iniciarse la vida cristiana. "Nadie puede decir: 'Jesús es el Señor', sino por el Espíritu Santo" (1 Cor. 12:3). En el principio, el Espíritu de Dios se movía sobre la faz de las aguas, engendrando vida y actividad en la creación, pues sin el Espíritu no hay acción, no hay vida. "No con ejército, ni con fuerza, sino con mi Espíritu, ha dicho el Señor de los ejércitos" (Zac. 4:6). Solamente el Espíritu de Dios puede cumplir su perfecta voluntad. Ninguna obra que el hombre pueda hacer, es capaz de traer a Dios al alma. Es tan imposible como que un muerto resucite produciendo su propio soplo de vida. Así pues, los destinatarios de la epístola habían visto a Cristo crucificado ante sus ojos, y lo habían aceptado mediante el Espíritu. ¿Lo has visto y aceptado tú?

3. *¿Tan insensatos sois? Habiendo empezado por el Espíritu, ¿ahora os perfeccionáis por la carne?*

"Insensatos" es decir poco. El que no tiene poder para comenzar una obra, ¡cree tener fuerzas para terminarla! ¡Alguien incapaz de poner un pie delante del otro, o de tenerse derecho, considera que en sí mismo tiene lo necesario para ganar una carrera!

¿Quién tiene el poder para engendrarse a sí mismo? Nadie. No venimos a este mundo engendrándonos a nosotros mismos. Nacemos sin fuerzas. Por lo tanto, toda la fuerza que podamos manifestar posteriormente, tiene una procedencia externa a nosotros. Nos es dada en su totalidad. El bebé recién nacido es el representante del hombre. "Ha venido un hombre al mundo", decimos. Toda la fuerza que un hombre tiene en sí mismo, no es mayor que ese llanto del recién nacido con el que comienza su primera respiración. En realidad, hasta esa exigua fuerza le ha sido dada.

Tal sucede en el mundo espiritual. "*Él, de su voluntad nos ha engendrado por la Palabra de Verdad*" (Sant. 1:18). No podemos vivir rectamente por nuestras propias fuerzas más de lo que podemos engendrarnos a nosotros mismos. La obra que el Espíritu engendró ha de ser llevada a su plenitud por el mismo Espíritu. "*Porque somos hechos participantes de Cristo, si retenemos firme hasta el fin el principio de nuestra confianza*" (Heb. 3:14). "*El que comenzó en vosotros la buena obra, la perfeccionará hasta el día de Jesucristo*" (Fil. 1:6). Solamente Él puede hacerlo.

4. ¿*Tantas cosas habéis padecido en vano? Si en verdad fue en vano. 5. Aquel, pues, que os suministra el Espíritu, y obra milagros entre vosotros, ¿lo hace por las obras de la Ley, o por el oír de la fe?*

Esas preguntas muestran que la experiencia de los hermanos de Galacia había sido tan profunda y genuina como podía esperarse de personas ante cuyos ojos hubo sido presentado Cristo crucificado. Se les había dado el Espíritu, se habían efectuado milagros entre ellos, e incluso por ellos mismos, puesto que los dones del Espíritu acompañan al don del Espíritu. Y como resultado de ese evangelio vibrante que habían vivido, sufrieron persecución, ya que "*todos los que quieran vivir piadosamente en Cristo Jesús, padecerán persecución*" (2 Tim. 3:12). Eso aumenta la gravedad de la situación. Habiendo participado de los sufrimientos de Cristo, estaban ahora alejándose de Él. Y ese apartarse de Cristo, único por cuyo medio puede venir la justicia, se caracterizaba por la desobediencia a la ley de la verdad. De forma inconsciente pero inevitable, estaban transgrediendo aquella ley por la que esperaban ser salvos.

6. Así, Abrahán creyó a Dios, y le fue contado por justicia.

Las preguntas enunciadas en los versículos tres al cinco llevan implícita la respuesta. Les fue ministrado el Espíritu y se produjeron milagros, no por las obras de la ley, sino por oír de la fe; es decir, por la obediencia a la fe, puesto que la fe viene por el oír la Palabra de Dios (Rom. 10:17). La labor de Pablo y la experiencia temprana de los gálatas, estaban en plena armonía con la experiencia de Abrahán, a quien se le contó la fe por justicia. Es conveniente recordar que los "falsos hermanos" que predicaban "otro evangelio", el falso evangelio de la justicia por las obras, eran judíos, y evocaban a Abrahán por padre. Se enorgullecían por ser "hijos" de Abrahán y señalaban su circuncisión como prueba de ello. Pero precisamente aquello sobre lo que sustentaban su pretensión de ser hijos de Abrahán probaba que no lo eran, ya que "*Abrahán creyó a Dios, y le fue contado por justicia*". Abrahán tuvo la justicia de la fe antes de ser circuncidado (Rom. 4:11). "*Por tanto, sabed que los que son de la fe, esos son hijos de Abrahán*" (Gál. 3:7). Abrahán no fue justificado por las obras (Rom. 4:2 y 3), sino que su fe obró justicia.

Hoy subsiste idéntico problema. Se confunde la señal con la sustancia, el fin con los medios. Puesto que la justicia se materializa en buenas obras, se asume –falsamente– que las buenas obras producen la justicia. A los que así piensan, la justicia que viene por la fe -las buenas obras que no vienen de "obrar"- les parecen carentes de realidad y sentido práctico. Se tienen por personas "prácticas" y creen que la única forma de lograr que se haga algo, es haciéndolo. Sin embargo, la verdad es que los tales son rematadamente imprácticos. Alguien que carece absolutamente de fuerza es incapaz de hacer algo, ni siquiera de levantarse para tomar la medicina que se le ofrece. Resultará vano cualquier consejo que se le de a fin de que procure *hacerlo*. "*Sólo en el Señor está la justicia y la fuerza*" (Isa. 45:24). "*Encomienda al Señor tu camino, confía en Él, y Él hará*" (Sal. 37:5). Abrahán es el padre de todos los que creen para justicia, y solamente de ellos. Lo único verdaderamente práctico es creer, tal como él lo hizo.

7. Por tanto, sabed que los que son de la fe, esos son hijos de Abrahán. 8. Y la Escritura, previendo que Dios justificaría a los gentiles por la fe, de antemano anunció el evangelio a Abrahán, al decirle: "En ti serán benditas todas las naciones.

Estos versículos merecen una lectura detenida. Su comprensión guardará de muchos errores. Y no es difícil entenderlos; basta con atenerse a lo que dicen, ¡eso es todo!

a) Afirman que el evangelio fue predicado tan pronto como en los días de Abrahán.

b) Fue Dios mismo quien lo predicó. Por lo tanto, se trata del verdadero y único evangelio.

c) Se trataba del mismo evangelio que Pablo predicó. Por lo tanto, no hay otro evangelio diferente del que poseyó Abrahán.

d) El evangelio no es hoy en ningún particular diferente del que existió en los días de Abrahán.

Dios requiere hoy lo mismo que entonces, y nada más que eso.

Además, el evangelio fue entonces predicado a los gentiles, puesto que Abrahán era gentil, o lo que es lo mismo, pagano. Recibió el llamado siendo pagano, puesto que *"Taré, padre de Abrahán y Nacor, y servían a dioses extraños"* (Jos. 24:2), y fue un pagano hasta serle predicado el evangelio. Así, la predicación del evangelio a los gentiles no fue un fenómeno inédito en los días de Pedro y de Pablo. La nación judía fue tomada de entre los gentiles, y es solamente en virtud de la predicación del evangelio a los gentiles como Israel tiene existencia y salvación (Hech. 15:14-18; Rom. 11:25 y 26). La existencia misma del pueblo de Israel era y sigue siendo una evidencia del propósito de Dios de salvar a personas, de entre los gentiles. Es en cumplimiento de ese propósito que Israel existe.

Vemos pues que el apóstol lleva a los gentiles, y nos lleva a nosotros, de vuelta a los orígenes, allí donde Dios mismo nos predica el evangelio a nosotros, "gentiles". Ningún gentil puede esperar ser salvo de otra forma, o por otro evangelio diferente de aquel por el que fue salvo Abrahán.

9. Así también los de la fe, son bendecidos con el creyente Abrahán. 10. Porque todos los que son de las obras de la ley están bajo maldición, porque escrito está: "Maldito todo aquel que no permaneciere en todas las cosas que están escritas en el libro de la ley, para hacerlas.

Observa la estrecha relación que guardan estos versículos con el precedente. A Abrahán le fue predicado el evangelio en estos términos: "En ti serán benditas todas las naciones". "Pagano", "gentil", y "naciones" (del versículo 8), se traducen a partir del mismo vocablo griego. Esa bendición consiste en el don de la justicia mediante Cristo, como indica Hechos 3:25 y 26: "Vosotros sois los hijos de los profetas, y del pacto que Dios hizo con nuestros padres, diciendo a Abrahán: 'En tu simiente serán benditas todas las familias de la tierra'. A vosotros primeramente, Dios, habiendo resucitado a su Hijo Jesús, lo envió para que os bendijese, *a fin de que cada uno se convierta de su maldad*". Dado que Dios predicó el evangelio a Abrahán, diciendo: "por medio de ti serán benditas todas las naciones", los que creen resultan benditos con el creyente Abrahán. No hay otra bendición para el hombre, sea éste cual fuere, excepto la que Abrahán recibió. Y el evangelio que le fue predicado es el único para todo ser humano en la tierra. Hay salvación en el nombre de Jesús, en el que Abrahán creyó, y *"en ningún otro hay salvación, porque no hay otro Nombre bajo el cielo, dado a los hombres, en que podamos ser salvos"* (Hech. 4:12). En Él *"tenemos redención por su sangre, el perdón de los pecados"* (Col. 1:14). El perdón de los pecados conlleva todas las bendiciones.

Un Contraste: Bajo Maldición

Observa el marcado contraste expuesto en los versículos nueve y diez: "los que viven por la fe son benditos", mientras que "los que dependen de las obras de la ley, están bajo maldición". La fe trae la bendición. Las obras de la ley traen la maldición; o mejor dicho, lo dejan a uno bajo maldición. La maldición pesa sobre todos, ya que *"el que no cree, ya es condenado, porque no ha creído en el Nombre del unigénito Hijo de Dios"* (Juan 3:18). La fe revierte esa maldición.

¿Quién está bajo maldición? "todos los que dependen de las obras de la ley ". Fíjate que no dice que los que obedecen la ley estén bajo la maldición, lo que sería una directa contradicción de Apocalipsis 22:14: "*¡Bienaventurados los que guardan sus Mandamientos, para tener derecho al árbol de la vida, y entren por las puertas en la ciudad!*" "*¡Bienaventurados los perfectos de camino, los que andan en la Ley del Señor!*" (Sal. 119:1).

Los que son de la *fe*, son guardadores de la ley, y puesto que los que son de la fe son benditos, y los que guardan los mandamientos son también benditos. Guardan los mandamientos por la fe. Pero el evangelio es contrario a la naturaleza humana: venimos a ser hacedores de la ley, no *haciendo*, sino *creyendo*. Si *obrásemos* para obtener justicia, estaríamos simplemente ejercitando nuestra naturaleza humana pecaminosa, lo que jamás nos acercaría a la justicia sino que nos alejaría de ella. Por contraste, *creyendo* las "preciosas y grandísimas promesas" llegamos a ser participantes "de la naturaleza divina" (2 Ped. 1:4) y entonces todas nuestras obras son hechas en Dios.

"Los gentiles que no seguían la justicia, han alcanzado la justicia, a saber, la justicia que es por la fe; mas Israel que seguía la ley de la justicia, no ha alcanzado la ley de la justicia. ¿Por qué? Porque no la seguían por fe, sino por las obras de la ley. Por lo cual tropezaron en la piedra de tropiezo. Como está escrito: *'He aquí pongo en Sión piedra de tropiezo, y roca de caída. Y aquel que creyere en ella no será avergonzado'*" (Rom. 9:30-33).

¿En qué consiste la maldición?

Nadie que lea detenida y reflexivamente Gálatas 3:10 dejará de comprender que la maldición es la transgresión de la ley. La desobediencia a la ley de Dios es en sí misma la maldición, puesto que "*el pecado entró en el mundo por un hombre, y por el pecado la muerte*" (Rom. 5:12). El pecado encierra la muerte en su seno. Sin pecado la muerte sería imposible, ya que "*el aguijón de la muerte es el pecado*" (1 Cor. 15:56). "Todos los que son de las obras de la Ley, están bajo maldición". ¿Por qué? ¿Será quizá la ley una maldición? En absoluto, puesto que "la ley es santa, y el Mandamiento santo, justo y bueno" (Rom. 7:12). ¿Por qué, pues, están bajo maldición todos los que se apoyan en las obras de la ley? Porque está escrito: "Maldito todo aquel que no permaneciere en todas las cosas que están escritas en el libro de la ley, para hacerlas".

No hay que confundirse: No es maldito porque obedezca la ley, sino *porque no lo hace*. Así pues, es fácil ver que apoyarse en las obras de la ley no significa que uno esté cumpliendo la ley. ¡No! "*Porque la inclinación de la carne es contraria a Dios, y no se sujeta a la ley de Dios, ni tampoco puede*". (Rom. 8:7). Todos están bajo la maldición, y el que piensa en librarse de ella por sus propias obras, continúa en ella. Puesto que la "maldición" consiste en no permanecer en todas las cosas que están escritas en la ley, es fácil deducir que la "bendición" significa perfecta conformidad con la ley.

Bendición y maldición

"*He aquí yo pongo hoy delante de vosotros la bendición y la maldición. La bendición si obedeciereis los mandamientos del Señor vuestro Dios, que os prescribo hoy. Y la maldición si no obedeciereis los mandamientos del Señor vuestro Dios*" (Deut. 11:26-28). Esa es la palabra viviente de Dios, dirigida personalmente a cada uno de nosotros. "*La ley produce ira*" (Rom. 4:15), pero la ira de Dios viene solamente sobre los desobedientes (Efe. 5:6). Si verdaderamente creemos, no somos condenados, porque la fe nos pone en armonía con la ley, la vida de Dios. *"El que mira atentamente en la perfecta ley la de la libertad, y persevera en ella, y no siendo oidor olvidadizo, sino hacedor de la obra, éste será bienaventurado en lo que hace"* (Sant. 1:25).

Buenas Obras

La Biblia no desprecia las buenas obras. Al contrario, las exalta. *"Palabra fiel es ésta, y estas cosas quiero que afirmes, para que los que creen en Dios, procuren ocuparse en buenas obras. Estas cosas son buenas y útiles a los hombres"* (Tito 3:8). La acusación que pesa contra los incrédulos es que niegan a Dios con los hechos: son *"reprobados para toda buena obra"* (Tito 1:16). Pablo exhortó a Timoteo a que mandase a los ricos de este siglo *"que hagan bien, que sean ricos en buenas obras"* (1 Tim. 6:17 y 18). Y el apóstol oró por todos nosotros *"para que andéis como es digno del Señor, a fin de agradarle en todo, llevando fruto en toda buena obra"* (Col. 1:10). Además, se nos da la seguridad de ser *"creados en Cristo Jesús para buenas obras... para que anduviésemos en ellas"* (Efe. 2:10).

Él mismo preparó esas obras para nosotros; las produjo, y las concede a todo el que cree en Él (Sal. 31:19). *"Esta es la obra de Dios, que creáis en el que Él ha enviado"* (Juan 6:29). Se requieren buenas obras, pero no podemos hacerlas. Solamente Aquel que es Bueno, que es Dios, puede hacerlas. Si es que en nosotros existe el más mínimo bien, se debe a la obra de Dios. Nada de lo que Dios hace es digno de desprecio. *"Y el Dios de paz que resucitó de entre los muertos a nuestro Señor Jesucristo, el gran Pastor de las ovejas, por la sangre del pacto eterno, os haga perfectos para toda buena obra para que hagáis su voluntad, haciendo Él en vosotros lo que es agradable delante de Él por medio de Jesucristo, a quien sea la gloria por los siglos de los siglos. Amén"* (Heb. 13:20 y 21).

11. Y que por la Ley ninguno se justifica ante Dios, es evidente; porque el justo por la fe vivirá. 12. Y la ley no es de la fe, pues dice: El hombre que las hiciere, vivirá en ellas".

¿Quiénes son los justos?

Cuando leemos la repetida declaración: *"el justo por la fe vivirá"*, es imprescindible que comprendamos claramente qué significa el término "justo". Ser justificado por la fe es ser hecho justo por la fe. *"Toda injusticia es pecado"* (1 Juan 5:17) y *"el pecado es la transgresión de la ley"* (1 Juan 3:4). Por lo tanto, toda injusticia es transgresión de la ley; y por supuesto, toda justicia es obediencia a la ley. Vemos por lo tanto que el justo –o recto– es aquel que *obedece* la ley, y ser justificado es ser hecho *guardador* de la ley.

Cómo llegar a ser justo

El fin perseguido es la práctica del bien, y la norma es la ley de Dios. *"La ley produce ira" "por cuanto todos pecaron"*, y *"por estas cosas viene la ira de Dios sobre los desobedientes"*. ¿Cómo vendremos a ser hacedores de la ley, y escaparemos así de la ira o maldición? La respuesta es: *"el justo por la fe vivirá"*. ¡Por la fe, no por las obras, venimos a ser hacedores de la ley! *"Con el corazón se cree para justicia"* (Rom. 10:10). El que ningún hombre resulta justificado ante Dios por la ley, es evidente. ¿Por qué? Porque *"el justo por la fe vivirá"*. Si la justicia viniese por las obras, entonces no vendría por la fe, *"y si por gracia, ya no es por obras, de otra manera la gracia ya no sería gracia"* (Rom. 11:6). *"Al que obra, no se le cuenta el salario como gracia, sino como deuda. Pero al que no obra, pero cree en Aquel que justifica al impío, su fe le es contada por justicia"* (Rom. 4:4 y 5).

No hay excepción. No hay caminos intermedios. No dice que *algunos* de los justos por la fe vivirán, ni tampoco que vivirán por fe y por obras; sino simplemente: *"el justo por la fe vivirá"*. Eso prueba que la justicia no viene por las obras procedentes de uno mismo. Todos los justos son *hechos* justos, y *mantenidos* en esa situación, solamente por fe. Eso es así debido a la sublime santidad de la ley, que está más allá del alcance del hombre. Solamente el poder divino puede cumplirla. Así, recibimos al Señor Jesús por la fe, y Él vive la perfecta ley en nosotros.

La ley no procede de la fe

Esa la ley escrita –sea en un libro, o bien en tablas de piedra– a la que se refiere el texto. La ley dice simplemente: 'Haz esto. No hagas aquello'. *"El que hace esas cosas vive en ellas"*. La ley ofrece vida solamente bajo esa condición. Obras, solamente obras, es lo que la ley acepta. Poco importa el origen de las mismas, con tal que estén presentes. Pero nadie ha cumplido los requerimientos de la ley, por lo tanto, no puede haber *hacedores* de la ley. Es decir, no puede haber nadie cuya propia vida presente un registro de perfecta obediencia.

"El que hace esas cosas vive en ellas". ¡Pero uno tiene que estar vivo, a fin de poder hacerlas! Un muerto no puede hacer nada, y el que está muerto en *"delitos y pecados"* (Efe. 2:1) es incapaz de obrar

justicia. Cristo es el único en quien hay vida, ya que Él es la vida, y Él es el único que cumplió y puede cumplir la justicia de la ley. Cuando no es negado y rechazado, sino reconocido y recibido, vive en nosotros toda la plenitud de su vida, de forma que ya no somos más nosotros, sino Cristo viviendo en nosotros. Entonces, su obediencia en nosotros nos hace justos. Nuestra fe nos es contada por justicia simplemente porque esa fe se apropia del Cristo viviente. Por la fe sometemos nuestro cuerpo como templo de Dios. Cristo, la Piedra viva, habita en el corazón, que se transforma así en trono de Dios. Y así, en Cristo, la ley viviente viene a ser nuestra vida, "porque de él [del corazón] mana la vida" (Prov. 4:23).

> *13. Cristo nos redimió de la maldición de la ley, hecho maldición por nosotros, porque escrito está: "Maldito todo aquel que es colgado en un madero". 14. Para que la bendición de Abrahán viniese sobre los gentiles a través de Cristo Jesús; para que por la fe recibamos la promesa del Espíritu.*

Abordando el tema central

En esta epístola no hay controversia alguna sobre la ley, al respecto de si se la debe obedecer o no. Para nada se considera que la ley haya sido abolida, cambiada, o haya perdido su vigencia. La epístola no contiene el más leve indicio de tal cosa. El asunto a resolver no es *si* se debe obedecer la ley, sino *cómo* hay que obedecerla. Se da por sentado que la justificación –ser hecho justo– es una necesidad. La cuestión es la siguiente: ¿Viene por la fe, o por las obras? Los "falsos hermanos" estaban persuadiendo a los gálatas de que debían ser hechos justos por sus propios esfuerzos. Pablo, mediante el Espíritu, les mostraba que todos esos esfuerzos eran vanos, y que tenían por único resultado el que la maldición se ciñese aún más sobre el pecador.

La justicia por la fe en Jesucristo queda establecida para todos, en todo tiempo, como la única justicia verdadera. Los falsos maestros se gloriaban *en la ley*, pero debido a su transgresión de la misma, traían oprobio al nombre de Dios. Pablo se gloriaba *en Cristo*, y mediante la justicia de la ley a la que quedó así sometido, dio gloria al nombre de Dios.

El aguijón del pecado

La última parte del versículo 13 muestra claramente que la maldición consiste en la muerte: *"Maldito todo el que es colgado en un made-*

ro". Cristo fue hecho maldición por nosotros al colgar del madero, es decir, al ser crucificado. Ahora bien, el *pecado* es el causante de la muerte: *"el pecado entró en el mundo por un hombre, y por el pecado la muerte, así la muerte pasó a todos los hombres, pues todos pecaron"* (Rom. 5:12). *"El aguijón de la muerte es el pecado"* (1 Cor. 15:56). Así, virtualmente, el versículo 10 nos dice que "todo el que no permanece en todo lo que está escrito en el libro de la Ley" puede darse por *muerto*. En otras palabras: la desobediencia equivale a la muerte.

"Cuando la concupiscencia ha concebido, produce el pecado. Y el pecado, siendo consumado, engendra muerte" (Sant. 1:15). El pecado contiene la muerte, y el hombre sin Cristo está muerto en delitos y pecados (Efe. 2:1). Poco importa si se mueve aparentando estar lleno de vida, permanecen las palabras de Cristo: *"Si no coméis la carne del Hijo del hombre, y bebéis su sangre, no tendréis vida en vosotros"* (Juan 6:53). *"La que se entrega a los placeres, viviendo está muerta"* (1 Tim. 5:6). Se trata de una muerte en vida, el *"cuerpo de muerte"* de Romanos 7:24. El pecado es transgresión de la ley. La paga del pecado es la muerte. Por lo tanto, la maldición consiste en esa muerte que hasta el más atractivo de los pecados esconde dentro de sí. *"Maldito todo aquel que no permaneciere en todas las cosas que están escritas en el libro de la ley, para hacerlas"*.

Redimidos de la maldición

"Cristo nos redimió de la maldición de la ley". Algunos lectores superficiales de este pasaje se apresuran a exclamar: 'No necesitamos guardar la ley, puesto que Cristo nos ha redimido de su maldición', como si el texto dijese que Cristo nos ha redimido de la maldición de la obediencia. Los tales leen la Escritura sin provecho. La maldición, tal como hemos visto ya, es la *desobediencia*: *"Maldito todo aquel que no permaneciere en todas las cosas que están escritas en el libro de la ley, para hacerlas"*. Por lo tanto, Cristo nos ha redimido de la desobediencia a la ley. Dios envió a su Hijo "en semejanza de carne de pecado... para que la justicia de la ley fuese *cumplida* en nosotros" (Rom. 8:3 y 4).

Alguno dirá irreflexivamente: 'Eso me tranquiliza: por lo que respecta a la ley, puedo hacer lo que quiera, puesto que todos fuimos redimidos'. Es cierto que todos han sido redimidos, pero no todos han *aceptado* la redención. Muchos dicen de Cristo: "no queremos que este hombre reine sobre nosotros", y alejan de ellos la bendición de Dios. Pero la redención es para todos. Todos han sido comprados con la preciosa sangre –la vida– de Cristo, y todos pueden, si así lo quieren, ser librados del pecado y de la muerte. Mediante esa sangre somos redimidos de "*la vana manera de vivir*" que recibimos de nuestros padres (1 Ped. 1:18).

Tómate el tiempo para pensar en lo que eso significa. Permite que impresione tu alma la plenitud de la fuerza contenida en la expresión: "*Cristo nos redimió de la maldición de la ley*", de nuestro fracaso en permanecer en sus justos requerimientos. ¡No necesitamos pecar más! Él cortó las ataduras de pecado que nos esclavizaban, de forma que todo cuanto hemos de hacer es aceptar su salvación, a fin de resultar liberados de cualquier pecado que nos domine. Ya no es más necesario que gastemos nuestras vidas en fervientes anhelos y en vanos lamentos por deseos incumplidos. Cristo no proporciona falsas esperanzas, sino que viene a los cautivos del pecado y les declara: '¡Libertad! Las puertas de vuestra prisión están abiertas. ¡Salid de ella!' ¿Qué más cabe decir? Cristo ha ganado la más completa de las victorias sobre este presente siglo malo, sobre "*la concupiscencia de la carne, y la concupiscencia de los ojos, y la soberbia de la vida*" (1 Juan 2:16), y nuestra fe en Él hace nuestra su victoria. Todo cuanto hemos de hacer es aceptarla.

Cristo, hecho maldición por nosotros

Para todo aquel que lea la Biblia, resulta evidente que "Cristo murió por los impíos" (Rom. 5:6). Él fue "entregado por nuestros pecados" (Rom. 4:25). El Inocente murió por el culpable, el Justo por el injusto. "*Fue herido por nuestras rebeliones, molido por nuestros pecados, el castigo de nuestra paz fue sobre Él, y por su llaga fuimos curados. Todos nos descarriamos como ovejas, cada cual se desvió por su camino. Pero el Señor cargó sobre Él el pecado de todos nosotros*" (Isa. 53:5 y 6). Ahora bien, la muerte entró por el pecado. La muerte es la maldición que pasó a todos los hombres, por la simple razón de que "todos pecaron". Y puesto que Cristo fue hecho "*maldición por nosotros*", está claro que fue hecho "pecado por nosotros" (2 Cor. 5:21). "*Llevó nuestros pecados en su cuerpo sobre el madero*" (1 Ped. 2:24). Observa que nuestros pecados estuvieron "*en su cuerpo*". Su obra no consistió en algo superficial. Nuestros pecados no fueron puestos en Él en un sentido meramente figurativo, sino que estuvieron "en su cuerpo". Fue hecho maldición por nosotros, fue hecho pecado por nosotros, y en consecuencia sufrió la muerte por nosotros.

A algunos les parece una verdad detestable. Para los gentiles es locura, y para los judíos piedra de tropiezo, pero para los que somos salvos es poder y sabiduría de Dios (1 Cor. 1:23 y 24). Recuerda que Él llevó *nuestros* pecados en su propio cuerpo. No sus pecados, puesto que nunca pecó. La misma Escritura que nos informa de que Dios lo hizo pecado por nosotros, destaca que "no tenía pecado". El mismo pasaje que nos asegura que "llevó nuestros pecados en su cuerpo sobre el madero", especifica que "no cometió pecado". El que fuese capaz de llevar nuestro pecado en Él mismo y que pudiese ser hecho pecado por nosotros, y no obstante no cometiera ningún pecado, contribuye a su gloria imperecedera y a nuestra eterna salvación del pecado. Sobre Él estuvieron los pecados de todos los hombres, sin embargo, nadie pudo descubrir en Él la más leve sombra de pecado. Aunque tomó todo el pecado sobre sí mismo, su vida jamás manifestó pecado alguno. Él lo tomó y lo sorbió por el poder de su vida indisoluble que vence a la muerte. Es poderoso para llevar el pecado, sin permitir que éste lo manche. Es por su vida maravillosa como nos redime. Nos proporciona su vida para que podamos ser liberados de toda sombra de pecado que haya en nuestra carne.

"Cristo, en los días de su carne, ofreciendo ruegos y súplicas con gran clamor y lágrimas al que le podía librar de la muerte, fue oído por su temor reverente." (Heb. 5:7). ¡Pero murió! Nadie le quitó la vida. Él mismo la dio, para volverla a tomar (Juan 10:17 y 18). Se desató del lazo de la muerte, *"por cuanto era imposible que fuera retenido por ella"* (Hech. 2:24). ¿Por qué fue imposible que la muerte lo retuviera, tras haberse puesto voluntariamente bajo el poder de ésta? Porque "no tenía pecado". Tomó el pecado sobre sí, pero estuvo a salvo de su poder. Fue *"en todo semejante a sus hermanos"*, *"tentado en todo según nuestra semejanza"* (Heb. 2:17; 4:15). Y puesto que de sí mismo nada podía hacer (Juan 5:30), oró al Padre para que lo librara de caer derrotado, quedando así bajo el poder de la muerte. Y fue oído. Hallaron cumplimiento las palabras: *"Porque el Señor Dios, me ayudará, por tanto no seré confundido. Por eso puse mi rostro como un pedernal, y sé que no seré avergonzado. Cerca de mí está el que me justifica. ¿Quién contenderá contra mí?"* (Isa. 50:7 y 8).

¿Cuál fue ese pecado que tanto le oprimió, y del que fue librado? No el suyo, pues no tenía ninguno. Fue el tuyo y el mío. Nuestros pecados han sido ya vencidos, derrotados. Nuestra lucha es solamente con un enemigo vencido. Cuando acudes a Dios en el nombre de Jesús, habiéndote sometido a su muerte y vida, de manera que no tomes su nombre en vano –puesto que Cristo more en ti–, todo cuanto has de hacer es recordar que Él llevó todo el pecado y lo lleva aún, y que es el Vencedor. Exclamarás al punto: *"Mas a Dios gracias que nos da la victoria por medio de nuestro Señor Jesucristo"* (1 Cor. 15:57). *"Mas a Dios gracias, el cual hace que siempre triunfemos en Cristo, y por medio de nosotros manifiesta en todo lugar la fragancia de su conocimiento"* (2 Cor. 2:14).

La revelación de la cruz

El "madero" de Gálatas 3:13 nos lleva de nuevo al tema central de los versículos 2:20 y 3:1: la inagotable cruz.

Consideremos siete puntos en relación con ella:

(1) La redención del pecado y la muerte se efectúa mediante la cruz (Gál. 3:13).

(2) Todo el evangelio está contenido en la cruz, porque el evangelio *"es poder de Dios para salvación a todo el que cree"* (Rom. 1:16). *"Pero a nosotros los salvos,"* la cruz de Cristo *"es poder de Dios"* (1 Cor. 1:18).

(3) Cristo se revela al hombre caído solamente como el Crucificado y Resucitado. *"No hay otro Nombre bajo el cielo, dado a los hombres, en que podamos ser salvos"* (Hech. 4:12). Por lo tanto, eso es todo cuanto Dios expone ante los hombres a fin de que no haya confusión posible. Jesucristo, y Jesucristo crucificado, es todo cuanto Pablo quería saber. Es todo cuanto necesita saber el ser humano. Lo que necesita el hombre es la salvación. Si la obtiene, posee todas las cosas. Pero sólo en la cruz de Cristo es posible obtener la salvación. Por lo tanto, Dios no pone ante la vista del hombre ninguna otra cosa; le da justamente aquello que necesita. Dios presenta a Jesucristo ante todo hombre como crucificado, de forma que nadie tenga excusa para perderse, o para continuar en el pecado.

(4) Cristo es presentado ante todo hombre como el Redentor crucificado. Y dado que el hombre necesita ser salvo de la maldición, se lo presenta cargando con la maldición. Allá donde se encuentre la maldición, Cristo la lleva. Hemos visto ya cómo Cristo cargó, y carga aún con la maldición de la tierra misma, puesto que llevó la corona de espinas, y la maldición pronunciada sobre la tierra fue: *"Espinos y cardos te producirá"* (Gén. 3:18). Así, mediante la cruz de Cristo ha sido

redimida la totalidad de la creación que ahora gime bajo la maldición (Rom. 8:19-23).

(5) Cristo llevó la maldición en la cruz. El que colgara de aquel madero indica que fue hecho maldición por nosotros. La cruz simboliza, no solamente la maldición, sino también la liberación de ésta, pues se trata de la cruz de Cristo, el Vencedor y Conquistador.

(6) Alguien podrá preguntar: '¿Dónde está la maldición?' Respondemos: ¿Y dónde no lo está? Hasta el más ciego la puede ver, si tan sólo está dispuesto a escuchar la evidencia de sus propios sentidos. La imperfección es una maldición. Sí, *constituye* la maldición. Y encontramos imperfección en todo lo que tiene relación con esta tierra. El hombre es imperfecto, y hasta el plan más elaborado de los que se diseñan en la tierra contiene imperfección en algún respecto. Todas las cosas que podemos ver se revelan susceptibles de mejoramiento, incluso aún cuando nuestros imperfectos ojos no se aperciban de la necesidad de tal mejora. Cuando Dios creó el mundo, todo era "bueno en gran manera". Ni Dios mismo vio posibilidad alguna de mejorarlo. Pero ahora es muy diferente. El jardinero lucha con empeño por mejorar los frutos y las flores que se le encomendaron. Y si es cierto que hasta lo mejor de la tierra revela la maldición, ¿qué diremos de los frutos defectuosos, yemas marchitas, hojas y tallos enfermos, plantas venenosas, etc? "*La maldición consumió la tierra*" por doquier (Isa. 24:6).

(7) ¿Debiéramos desanimarnos por ello? No, "*porque no nos ha puesto Dios para ira, sino para alcanzar salvación por medio de nuestro Señor Jesucristo*" (1 Tes. 5:9). Aunque vemos la maldición por doquiera, la naturaleza vive y el hombre vive. Sin embargo, la maldición es la muerte, y ningún hombre o cosa creada puede llevar la muerte, y aún con todo, vivir, ya que ¡la muerte mata! Ahora bien, Cristo vive. Murió, pero vive para siempre (Apoc. 1:18). Solamente Él puede llevar la maldición –la muerte– y en virtud de sus propios méritos volver a la vida. Hay vida en la tierra, y la hay en el hombre a pesar de la maldición, gracias a que Cristo murió en la cruz. En cada brizna de hierba, en cada hoja en el bosque, en cada arbusto y en cada árbol, en cada fruto y en cada flor; hasta en el pan que comemos, está estampada la cruz de Cristo. Lo está en nuestros propios cuerpos. Donde sea que miremos, hay evidencias de Cristo crucificado. La predicación de la cruz –el evangelio– es el poder de Dios revelado en todas las cosas que Él creó. Tal es "*el poder que opera en nosotros*" (Efe. 3:20). La consi-

deración de Romanos 1:16-20, junto a 1ª de Corintios 1:17 y 18, muestra claramente que la cruz de Cristo se revela en todas las cosas que Dios hizo, incluso en nuestro propio cuerpo.

Consuelo a Partir del Desánimo

"Me han rodeado males sin número. Me han alcanzado mis maldades, y no puedo levantar la vista. Se han aumentado más que los cabellos de mi cabeza, y mi corazón me falla" (Sal. 40:12). Pero no es solamente que podamos clamar a Dios con confianza –"de lo profundo"– sino que en su infinita misericordia Él ha dispuesto que en esas mismas profundidades hallemos la fuente de nuestra confianza. El hecho de que vivamos a pesar de estar en las profundidades del pecado prueba que Dios mismo, en la persona de Cristo en la cruz, nos asiste para librarnos. Así, mediante el Espíritu Santo, hasta aquello que está bajo la maldición (y todo está bajo ella), predica el evangelio. Nuestra propia fragilidad, lejos de ser causa de desánimo, es, si creemos al Señor, una prenda de la redención. Sacamos *"fuerza de la debilidad"*. *"En todas estas cosas somos más que vencedores por medio de Aquel que nos amó"* (Rom. 8:37). Ciertamente Dios no ha dejado al hombre sin testimonio. Y *"el que cree en el Hijo de Dios, tiene el testimonio en sí mismo"* (1 Juan 5:10).

De la Maldición a la Bendición

Cristo llevó la maldición para que pudiéramos tener la bendición. Su muerte es vida para nosotros. Si llevamos voluntariamente en nuestros cuerpos la muerte del Señor Jesús, su vida se manifestará también en nuestra carne mortal (2 Cor. 4:10). Él fue hecho pecado por nosotros, a fin de que seamos hechos justicia de Dios en Él (2 Cor. 5:21). *La bendición que recibimos mediante la maldición que Él lleva, consiste en la liberación del pecado.* Para nosotros, la maldición resulta de la transgresión de la ley (Gál. 3:10). La bendición consiste en que nos volvamos de nuestra maldad (Hech. 3:26). Cristo sufrió la maldición, el pecado y la muerte, "para que en Cristo Jesús, la bendición de Abrahán llegara a los gentiles".

La bendición de Abrahán consiste, tal como Pablo afirma en otra de sus epístolas, en la justicia por la fe: "David habla también de la dicha del hombre a quien Dios atribuye justicia aparte de las obras. Dice: 'Dichoso aquel a quien Dios perdona sus maldades, y cubre sus pecados. Dichoso el hombre a quien el Señor no cuenta sus pecados contra él'" (Rom. 4:6-8).

Pablo continúa exponiendo que esa bendición se pronuncia sobre los gentiles que creen, tanto como sobre los judíos que creen, puesto que Abrahán mismo la recibió siendo aún incircunciso. "Así llegó a ser padre de todos los que creen" (vers. 11).

La bendición es la liberación del pecado, y la maldición es la comisión del pecado. Dado que la maldición revela la cruz, el Señor hace que esa misma maldición proclame la bendición. El hecho de que estamos físicamente vivos, aunque seamos pecadores, nos asegura que la liberación del pecado es nuestra. "Mientras hay vida, hay esperanza", dice el refrán. La vida es nuestra esperanza.

¡Gracias a Dios por la bendita esperanza! La bendición ha venido a todos los hombres. "*Así como por el delito de uno vino la condenación a todos los hombres, así también por la justicia de uno solo, vino a todos los hombres la justificación que da vida*" (Rom. 5:18). Dios, que no hace acepción de personas, nos bendijo en Cristo con toda bendición espiritual en los cielos (Efe. 1:3). El don es nuestro, y se espera que lo guardemos. Si alguien no tiene la bendición, es porque no ha reconocido el don, o bien porque lo ha rechazado deliberadamente.

Una Obra Consumada

"Cristo nos redimió de la maldición de la ley", del pecado y la muerte. Lo realizó "al hacerse maldición por nosotros", y nos libra así de toda necesidad de pecar. El pecado no puede tener dominio sobre nosotros si aceptamos a Cristo en verdad y sin reservas. Eso era verdad tan actual en los días de Abrahán, Moisés, David e Isaías, como en los nuestros. Más de setecientos años antes de que aquella cruz fuese levantada en el Calvario, Isaías, quien testificó de las cosas que comprendió cuando una brasa encendida tomada del altar purificó su propio pecado, dijo: "*Él llevó nuestras enfermedades, y sufrió nuestros dolores... fue herido por nuestras rebeliones, molido por nuestros pecados, el castigo de nuestra paz fue sobre Él, y por su llaga fuimos curados... Dios cargó sobre Él el pecado de todos nosotros*" (Isa. 53:4-6). "*Yo deshice como a nube tus rebeliones, y como a niebla tus pecados. Vuélvete a mí, porque yo te redimí*" (Isa 44:22). Mucho tiempo antes de Isaías, David escribió: "*No nos trata como merecen nuestras iniquidades, ni nos paga conforme a nuestros pecados*". "*Cuanto está lejos el oriente del occidente, alejó de nosotros nuestros pecados*" (Sal. 103:10, 12).

"*Los que hemos creído entramos en el reposo*", puesto que "*sus obras estaban acabadas desde la fundación del mundo*" (Heb. 4:3). La bendición que recibimos es "la bendición de Abrahán". No tenemos otro fundamento que el de los apóstoles y profetas, siendo Cristo mismo la Piedra del ángulo (Efe. 2:20). La salvación que Dios ha provisto es plena y completa. Cuando vinimos al mundo, nos estaba ya esperando. No liberamos a Dios de ninguna carga si la rechazamos, ni le añadimos peso alguno al aceptarla.

"La Promesa del Espíritu"

Cristo nos ha redimido "para que por la fe recibamos la promesa del Espíritu". No cometamos el error de leer: '...recibamos la promesa del don del Espíritu'. No dice eso, y no significa eso, como veremos enseguida. Cristo nos ha redimido, y el don del Espíritu prueba ese hecho, ya que es solamente "por el Espíritu eterno" como se ofreció a sí mismo sin mancha a Dios (Heb. 9:14). De no ser por el Espíritu, nunca nos sabríamos pecadores. Aún menos conoceríamos la redención. El Espíritu convence de pecado y de justicia (Juan 16:8). "El Espíritu es el que testifica, porque el Espíritu es la verdad" (1 Juan 5:6). "El que cree... tiene el testimonio en sí mismo" (vers. 10). Cristo está crucificado en favor de todo hombre. Como ya hemos visto, eso se demuestra por el hecho de que estamos todos bajo la maldición, y sólo Cristo en la cruz puede llevar la maldición. Pero es mediante el Espíritu como Dios mora en la tierra entre los hombres. La fe nos permite recibir su testimonio y gozarnos en aquello que nos asegura la posesión de su Espíritu.

Observa además: se nos da la bendición de Abrahán a fin de que recibamos la promesa del Espíritu. Pero es solamente mediante el Espíritu como viene la promesa. Por lo tanto, la bendición no puede traernos la promesa de que recibiremos el Espíritu, debido a que tenemos ya el Espíritu junto con la promesa. Pero teniendo la bendición del Espíritu -que es la justicia-, podemos estar seguros de recibir aquello que el Espíritu promete a los justos: la herencia eterna. Al bendecir a Abrahán, Dios le prometió una herencia. El Espíritu es "las arras" -prenda o garantía- de toda bendición.

El Espíritu Como Garantía de la Herencia

Todos los dones de Dios conllevan promesas de mayores bendiciones. Siempre hay mucho más. El propósito de Dios en el evangelio es reunir todas las cosas en Jesucristo, en quien "hemos obtenido también una herencia... y habiendo creído, fuisteis sellados con el Espíritu Santo prometido, que es la garantía de nuestra herencia, hasta que lleguemos a poseerla, para alabanza de su gloria" (Efe. 1:11-14).

Volveremos más adelante a hablar de esa herencia. Por ahora es suficiente con saber que se trata de la herencia prometida a Abrahán, de quien venimos a ser hijos por la fe. La herencia pertenece a todos los que son hijos de Dios por la fe en Jesucristo. Y el Espíritu que sella nuestra filiación es la garantía, las primicias de esa herencia prometida. Aquellos que aceptan la gloriosa liberación –en Cristo– de la maldición de la ley, es decir, la redención, no de la obediencia a la ley (puesto que la obediencia no es una maldición) sino de la desobediencia a la ley, tienen en el Espíritu un anticipo del poder y la bendición del mundo venidero.

15. Hermanos, hablo como hombre. Un pacto, aunque sea de hombre, si fuera confirmado, nadie lo anula, o le añade. 16. Ahora bien, las promesas fueron hechas a Abrahán y a su simiente. No dice: y a las simientes, como de muchos, sino de uno: Y a tu simiente, el cual es Cristo. 17. Y esto digo: El pacto antes confirmado por Dios en Cristo, la ley que vino 430 años después, no lo anula para invalidar la promesa. 18. Porque si la herencia fuese por la ley, ya no sería por la promesa: Mas Dios la dio a Abrahán mediante la promesa.

A Abrahán se le predicó el evangelio de la salvación para el mundo. Lo creyó, y recibió la bendición de la justicia. Todos los que creen son benditos con el creyente Abrahán. Todos *"los que son de la fe, esos son hijos de Abrahán"*. *"Las promesas fueron hechas a Abrahán y a su simiente"*. *"si la herencia fuese por la ley, ya no sería por la promesa"*. La promesa que se nos hace es la misma que se le hizo a él: la promesa de una herencia en la que participamos como hijos suyos.

"Y a su Simiente"

No se trata de un simple juego de palabras, sino de un asunto vital. El tema controvertido es el medio de salvación: (1) ¿Es la salvación solamente por Cristo?, (2) ¿por alguna otra cosa?, o bien (3) ¿por Cristo *y* alguien más, o alguna cosa más? Muchos suponen que han de salvarse a sí mismos haciéndose buenos. Muchos otros creen que Cristo es una ayuda valiosa, un buen Asistente a sus esfuerzos. Otros aún, le darán gustosos el *primer* lugar, pero no *el único* lugar. Ven en ellos mismos a unos buenos segundos. El que hace la obra es el Señor, *y* ellos. Pero el texto estudiado excluye todas esas pretensiones vanas. "No dice: 'Y a sus simientes", sino "A tu Simiente". No a muchos, sino a Uno, "que es Cristo".

No Hay Dos Linajes

Podemos contrastar la descendencia espiritual de Abrahán con su descendencia carnal. "Espiritual" es lo opuesto a "carnal", y los hijos carnales, a menos que sean también hijos espirituales, no tienen parte alguna en la herencia espiritual. Para los hombres que vivimos en el cuerpo, en este mundo, no es ninguna imposibilidad el ser enteramente espirituales, pues tales hemos de ser, o en caso contrario no seremos hijos de Abrahán. *"Los que viven según la carne no pueden agradar a Dios"* (Rom. 8:8). *"La carne y la sangre no pueden heredar el reino de Dios"* (1 Cor. 15:50). Hay una sola línea de descendientes espirituales de Abrahán; sólo una clase de verdaderos descendientes espirituales: *"los que son de la fe"*, los que, al recibir a Cristo por la fe, reciben potestad de ser hechos hijos de Dios (Juan 1:12).

Muchas Promesas en Uno

Si bien la Simiente es singular, las promesas son plurales. No hay nada que Dios tenga para dar a hombre alguno, que no prometiese ya a Abrahán. Todas las promesas de Dios son transferidas a Cristo, en quien creyó Abrahán. *"Todas las promesas de Dios son 'sí' en Él. Por eso decimos 'amén' en Él, para gloria de Dios"* (2 Cor. 1:20).

La Herencia Prometida

En Gálatas 3:15 al 18 se ve claramente que lo prometido, y la suma de todas las promesas, es una herencia. Dice el versículo 16 que la ley, que vino cuatrocientos treinta años después que la promesa fuese dada y confirmada, no puede anular a ésta última. *"si la herencia fuese por la ley, ya no sería por la promesa: Mas Dios la dio a Abrahán mediante la promesa"*. Puede saberse cuál es la promesa al relacionar el versículo precedente con este otro: *"Porque la promesa de que él sería heredero del mundo, no fue dada a Abrahán o a su simiente por la ley sino por la justicia que viene por la fe"* (Rom. 4:13). Pero "los cielos que son ahora... guardados para el fuego del día del juicio, y de la perdición de los hombres impíos", en ese día en que "los cielos, siendo encendidos, serán deshechos, y los elementos siendo quemados, se fundirán"; no obstante, "nosotros esperamos, según su promesa, cielos nuevos y tierra nueva, en los cuales mora la justicia," (2 Ped. 3:7, 12 y 13). Es la patria celestial que esperaron también Abrahán, Isaac y Jacob.

Una Herencia Libre de Maldición

"Cristo nos redimió de la maldición... para que por la fe recibamos la promesa del Espíritu". Esa promesa del Espíritu hemos visto que es la posesión de la tierra renovada, es decir, redimida de la maldición. Porque *"la misma creación será librada de la esclavitud de la corrupción, para participar de la gloriosa libertad de los hijos de Dios"* (Rom. 8:21). La tierra, recién salida de las manos del Creador, nueva, fresca y perfecta en todo respecto, le fue entregada al hombre en posesión (Gén. 1:27, 28 y 31). El hombre pecó, trayendo así la maldición. Cristo tomó sobre sí la plenitud de la maldición, tanto la del hombre como la de toda la creación. Redime a la tierra de la maldición, a fin de que pueda ser la eterna posesión que Dios dispuso originalmente que fuera; y redime asimismo al hombre de la maldición a fin de capacitarlo para poseer una herencia tal. Ese es el resumen del evangelio. *"El don de Dios es la vida eterna en Cristo Jesús Señor nuestro"* (Rom. 6:23). Ese don de la vida eterna está incluido en la promesa de la herencia, ya que Dios prometió a Abrahán y su simiente la tierra *"en heredad perpetua"* (Gén. 17:8). Se trata de una herencia de justicia, puesto que la promesa de que Abrahán sería heredero del mundo fue mediante la justicia que viene por la fe. La justicia, la vida eterna, y un lugar en donde vivir eternamente, los tres están incluidos en la promesa, y constituyen todo lo que cabe desear o recibir. Redimir al hombre, sin darle un lugar en donde vivir, sería una obra inconclusa. Las dos acciones son partes de un todo. El poder por el que somos redimidos es el poder de la creación, aquel por el que los cielos y la tierra serán renovados. Cuando todo sea cumplido, *"ya no habrá más maldición"* (Apoc. 22:3).

Los Pactos de La Promesa

El pacto y la promesa de Dios son una y la misma cosa. Se ve claramente en Gálatas 3:17, donde Pablo manifiesta que anular el pacto dejaría sin efecto la promesa. En Génesis 17 leemos que hizo un *pacto* con Abrahán para darle la tierra de Canaán como posesión eterna (vers. 8). Gálatas 3:18 dice que Dios se la dio mediante la *promesa*. Los pactos de Dios con el hombre no pueden ser otra cosa que promesas al hombre: *"¿O quién le dio a Él primero, para que le sea recompensado? Porque todas las cosas son de Él, por Él y para Él"* (Rom. 11:35 y 36).

Después del diluvio, Dios hizo un *pacto* con todo ser viviente de la tierra: aves, animales, y toda bestia. Ninguno de ellos prometió nada a cambio (Gén. 9:9-16). Simplemente recibieron el favor de manos de

Dios. Eso es todo cuanto podemos hacer: recibir. Dios nos promete todo aquello que necesitamos, y más de lo que podemos pedir o imaginar, como un don. Nosotros nos damos a Él; es decir, no le damos nada. Y Él se nos da a nosotros; es decir, nos lo da todo. Lo que complica el asunto es que, incluso aunque el hombre esté dispuesto a reconocer al Señor en todo, se empeña en negociar con Él. Quiere elevarse hasta un plano de semejanza con Dios, y efectuar una transacción de igual a igual con Él. Pero todo el que pretenda tener tratos con Dios, lo ha de hacer en los términos que Él establece, es decir, sobre la base de que no tenemos nada, y de que no somos nada. Y de que Él lo tiene todo, lo es todo, y es quien lo da todo.

El Pacto, Ratificado

El pacto (es decir, la promesa divina de dar al hombre toda la tierra renovada, tras haberla rescatado de la maldición), fue "previamente confirmado por Dios". Cristo es el garante del nuevo pacto, del pacto eterno, *"porque todas las promesas de Dios son sí en Él, y amén en Él, para gloria de Dios"* (2 Cor. 1:20). La herencia es nuestra en Jesucristo (1 Ped. 1:3 y 4), ya que el Espíritu Santo es las primicias de la herencia, y la posesión del Espíritu Santo es Cristo mismo, morando en el corazón por la fe. Dios bendijo a Abrahán, diciendo: "Por medio de ti serán benditas todas las naciones", y eso se cumple en Cristo, a quien Dios envió para que nos bendijese, para que cada uno se convierta de su maldad (Hech. 3:25 y 26).

Fue el juramento de Dios lo que ratificó el pacto establecido con Abrahán. Esa promesa y ese juramento hechos a Abrahán son el fundamento de nuestra esperanza, nuestro "fortísimo consuelo" (Heb. 6:18). Son "una segura y firme ancla del alma" (vers. 19), porque el juramento establece a Cristo como la garantía, la seguridad, y Cristo "viviendo siempre" (Heb. 7:25). "Sustenta todas las cosas con la Palabra de su poder" (Heb. 1:3). "Todas las cosas subsisten en Él" (Col. 1:17). "Por lo cual, queriendo Dios mostrar más abundantemente a los herederos de la promesa, la inmutabilidad de su consejo, lo confirmó con juramento" (Heb. 6:17). En Él radica nuestro consuelo y esperanza de escapar y guardarnos del pecado. Cristo puso como garantía su propia existencia, y con ella la de todo el universo, para nuestra salvación. ¿Puedes imaginar un fundamento más firme para nuestra esperanza, que el de su poderosa Palabra?

La Ley no Puede Anular la Promesa

A medida que avanzamos hay que recordar que el pacto y la promesa son una y la misma cosa, y que incluyen la tierra, la tierra nueva que se ha de dar a Abrahán y a sus hijos. Es también necesario recordar que, puesto que solamente la justicia puede morar en los nuevos cielos y tierra, la promesa incluye el hacer justos a todos los que creen. Eso se efectúa en Cristo, en quien halla confirmación la promesa. "Un pacto, aunque sea de hombre, si fuera confirmado, nadie lo anula o le añade"; ¡cuánto menos tratándose del pacto de Dios!

Por lo tanto, puesto que se nos ha dado seguridad de la justicia eterna mediante el "pacto" hecho con Abrahán, que fue confirmado en Cristo por el juramento de Dios, es imposible que la ley proclamada cuatrocientos treinta años más tarde pudiese introducir ningún elemento nuevo. A Abrahán le fue dada la herencia mediante la promesa. Pero si cuatrocientos treinta años después viniese a resultar que ahora había que conseguir la herencia de alguna otra forma, eso dejaría sin efecto la promesa, y el pacto quedaría anulado. Pero eso implicaría la disolución del gobierno de Dios y el final de su existencia, puesto que Él puso su misma existencia como prenda o garantía de que daría a Abrahán y a su simiente la herencia, y la justicia requerida para poseerla. "*Porque la promesa de que él sería heredero del mundo, no fue dada a Abrahán o a su simiente por la ley, sino por la justicia de la fe*" (Rom. 4:13). El evangelio fue tan pleno y completo en los días de Abrahán, como siempre lo haya sido o pueda llegar a serlo. Tras el juramento de Dios a Abrahán, no es posible hacer adición o cambio alguno a sus provisiones o condiciones. No es posible restarle nada a la forma en la que entonces existía, y nada puede ser requerido de hombre alguno, que no lo fuese igualmente de Abrahán.

19. *Entonces, ¿para qué sirve la Ley? Fue añadida por causa de las transgresiones, hasta que viniera la simiente, a quien fue hecha la promesa, y fue decretada por ángeles, por medio de un mediador.*

"¿Para qué sirve la Ley?". El apóstol Pablo hace esta pregunta a fin de poder mostrar de la forma más enfática el papel de la ley en el evangelio. La pregunta es muy lógica. Puesto que la herencia viene enteramente por la promesa, y un "pacto" que ha sido confirmado no puede ser alterado (no se le puede añadir ni quitar nada), ¿cuál fue el objeto de enviar la ley cuatrocientos treinta años después? "¿Para qué sirve la ley?" ¿Qué hace aquí? ¿Qué papel desempeña?

"Fue añadida por causa de las transgresiones". Hay que entender con claridad que la promulgación de la ley en el Sinaí no fue el principio de su existencia. Existía en los días de Abrahán, y éste la obedeció (Gén. 26:5). Existía antes de ser proclamada en el Sinaí (ver Éx. 16:1-4, 27 y 28). Fue "añadida", en el sentido de que en el Sinaí se la proclamó de forma explícita, *in extenso*.

"Por causa de las transgresiones". "*La ley entró para que el pecado abundase*" (Rom. 5:20). En otras palabras, "*para que por el Mandamiento se viera la malignidad del pecado*" (Rom. 7:13). Fue promulgada bajo las circunstancias de la más terrible majestad, como una advertencia a los hijos de Israel de que mediante su incredulidad estaban en peligro de perder la herencia prometida. A diferencia de Abrahán, no creyeron al Señor, y "*todo lo que no es de fe, es pecado*" (Rom. 14:23). Pero la herencia había sido prometida "*por la justicia que viene por la fe*" (Rom. 4:13). Por lo tanto, los judíos incrédulos no podían recibirla.

Así pues, la ley les fue dada para convencerlos de que carecían de la justicia necesaria para poseer la herencia. Si bien, la justicia no *viene* por la ley, ha de estar "*testificada [atestiguada] por la ley*" (Rom. 3:21). Resumiendo, se les dio la ley para que viesen que no tenían fe, y que por lo tanto, no eran verdaderos hijos de Abrahán, y estaban en camino de perder la herencia. Dios habría puesto su ley en los corazones de ellos tal como había hecho ya con Abrahán, en caso de que hubiesen creído como él. Pero dado que habían dejado de creer, y sin embargo mantenían aún la pretensión de ser herederos de la promesa, era necesario mostrarles de la forma más contundente que la incredulidad es pecado. La ley fue dada por causa de las transgresiones, o -lo que es lo mismo- a causa de la incredulidad del pueblo.

La Confianza Propia es Pecado

El pueblo de Israel estaba lleno de confianza propia y de incredulidad hacia Dios, como demostraron en su murmuración contra la dirección divina, y por su seguridad de poder realizar todo lo que Dios requería, de poder cumplir sus promesas. Manifestaban el mismo espíritu que sus descendientes, quienes preguntaron: "*¿Qué haremos para realizar las obras de Dios?*" (Juan 6:28). Porque ignorando de tal modo la justicia de Dios, y pensaban que podían establecer la suya propia a modo de equivalente (Rom. 10:3). A menos que vieran su pecado, de nada iba a valerles la promesa. De ahí la necesidad de presentarles la ley.

El Ministerio de Los Ángeles

"¿No son todos espíritus ministradores, enviados para ayudar a los que han de heredar la salvación?" (Heb. 1:14). No nos es dado saber cuál era exactamente el papel de los millares de ángeles que estuvieron presentes en el Sinaí. Pero sabemos que los ángeles tienen un profundo e íntimo interés en todo lo que concierne al hombre. Cuando se pusieron los fundamentos de la tierra, *"se regocijaban todos los hijos de Dios"* (Job. 38:7). Una multitud, de entre la hueste celestial, entonaba cánticos de alabanza cuando fue anunciado el nacimiento del Salvador de los hombres. Esos seres "poderosos en fortaleza" asisten al Rey de reyes, y se aprestan a hacer su voluntad, ejecutando sus órdenes y obedeciendo su palabra (Sal. 103:20 y 21). El hecho de que estuvieran presentes al ser dada la ley demuestra que se trataba de un evento de la mayor trascendencia y del más profundo significado.

Por Medio de Un Mediador

Así es como se dio la ley en el Sinaí. ¿Quién fue ese Mediador? No cabe más que una respuesta: *"Hay un solo Dios, y un solo mediador entre Dios y los hombres, Jesucristo hombre"* (1 Tim. 2:5). Sin embargo, "el mediador no representa a uno solo, aunque Dios es uno". Dios y Jesucristo son Uno. Jesucristo es al mismo tiempo Dios y hombre. Al mediar entre Dios y el hombre, Jesucristo representa a Dios ante el hombre, y al hombre ante Dios. *"Dios estaba en Cristo reconciliando consigo al mundo"* (2 Cor. 5:19). No hay, ni puede haber, otro mediador entre Dios y el ser humano. *"Y en ningún otro hay salvación, porque no hay otro Nombre bajo el cielo, dado a los hombres, en que podamos ser salvos"* (Hech. 4:12).

La Obra de Cristo Como Mediador

El hombre se ha extraviado de Dios, y se ha rebelado contra Él. *"Todos nos descarriamos como ovejas"* (Isa. 53:6). Nuestras iniquidades nos han separado de nuestro Dios (Isa. 59:1 y 2). *"Por cuanto la inclinación de la carne es enemistad contra Dios; porque no se sujeta a la Ley de Dios, ni tampoco puede"* (Rom. 8:7). Cristo vino a fin de destruir la enemistad y reconciliarnos con Dios; Él es nuestra paz (Efe. 2:14-16). *"Cristo padeció una sola vez por los pecados, el justo por los injustos, para llevarnos a Dios"* (1 Ped. 3:18). Por medio de Él tenemos acceso a Dios

(Rom. 5:1 y 2; Efe. 2:18). En Él es quitada la mente carnal, la mente rebelde, y se da en su lugar la mente del Espíritu, *"para que la justicia de la Ley se cumpla en nosotros, que no andamos conforme a la carne, sino conforme al Espíritu"* (Rom. 8:4). La obra de Cristo es salvar aquello que se había perdido, restaurar lo que se quebrantó, reunir lo que se había separado. Su nombre es "Dios con nosotros". Cuando Él mora en nosotros, somos hechos participantes *"de la naturaleza divina"* (2 Ped. 1:4).

La obra mediadora de Cristo no está limitada en el tiempo ni en el alcance. Ser mediador significa más que ser intercesor. Cristo era mediador antes de que el pecado entrara en el mundo, y será mediador cuando el pecado no exista más en el universo y no haya necesidad alguna de perdón. "Todas las cosas subsisten en Él". Es la misma "imagen del Dios invisible". Él es la vida. Solo en Él y por medio de Él fluye la vida de Dios a toda la creación. Por lo tanto, Él es el medio, el mediador, la manera por la que la luz de la vida alumbra al universo. No se convirtió en mediador cuando el hombre cayó, sino que lo era desde la eternidad. *Nadie, no solamente ningún hombre, sino ningún ser creado, viene al Padre sino por Cristo*. Ningún ángel puede estar en la divina presencia, sino en Cristo. La entrada del pecado en el mundo no requirió el desarrollo de ningún nuevo poder, o la puesta en marcha de ningún dispositivo nuevo. El poder que había creado todas las cosas no hizo más que continuar, en la infinita misericordia de Dios, para la restauración de lo que se había perdido. Todas las cosas fueron creadas en Cristo; por lo tanto, tenemos redención en su sangre (Col. 1:14-17). El poder que anima y sostiene al universo es el mismo poder que nos salva. "Y a Aquel que es poderoso para hacer todas las cosas mucho más abundantemente de lo que pedimos o entendemos, según el poder que opera en nosotros; a Él sea gloria en la iglesia en Cristo Jesús, por todas edades, por los siglos de los siglos. Amén" (Efe. 3:20 y 21).

21. Luego ¿es la ley contraria a las promesas de Dios? ¡De ninguna manera! Porque si se hubiera dado una ley que pudiera vivificar, la justicia habría sido verdaderamente por la ley. 22. Mas la Escritura encerró todo bajo pecado, para que la promesa por la fe de Jesucristo fuese dada a los que creen.

"¿Es la Ley contraria a las promesas de Dios? ¡De ninguna manera!" Si lo fuera, la ley no habría sido dada *"por medio de un mediador"*, Jesucristo, ya que todas las promesas de Dios son 'Sí' en Él (2 Cor. 1:20). En Cristo encontramos combinadas la ley y la promesa. Pode-

mos saber que la ley no iba, y no va contra la promesa, por el hecho de que fue Dios quien dio tanto la una como la otra. Sabemos igualmente que la proclamación de la ley no introdujo ningún elemento nuevo en el "pacto". Puesto que el pacto había sido confirmado, nada podía añadirse, ni serle quitado. Pero la ley no es algo inútil, ya que en ese caso Dios no la habría dado. El que guardemos o no la ley no es un asunto opcional, pues Dios mismo lo ordenó. Pero al mismo tiempo, no va contra la promesa, ni introduce ningún elemento en ella. ¿Por qué? *Sencillamente porque la ley está incluida en la promesa.* La promesa del Espíritu dice: "*Pondré mis leyes en sus mentes, y sobre sus corazones las escribiré*" (Heb. 8:10). Eso es exactamente lo que Dios hizo con Abrahán al darle el pacto de la circuncisión. (Rom. 4:11; 2:25-29; Fil. 3:3).

La Ley Magnifica la Promesa

La ley *es* justicia, como Dios declara: "Oídme, los que conocéis justicia, pueblo en cuyo corazón está mi Ley" (Isa. 51:7). La justicia que la ley requiere es la única justicia que puede heredar la tierra prometida. Se la obtiene, no por las obras de la ley, sino por la fe. La justicia de la ley no se obtiene mediante esfuerzos por guardar la ley, sino por la fe (Rom. 9:30-32). Por lo tanto, cuanto mayor sea la justicia que la ley requiere, más engrandecida resulta la promesa de Dios, pues Él ha prometido dar esa justicia a todos los que creen. Sí, ¡lo ha jurado! Por lo tanto, cuando fue dada la ley en el Sinaí, "en medio del fuego, la nube y la oscuridad, con potente voz" (Deut. 5:22), con sonido de trompeta de Dios, con temblor de tierra ante la presencia del Señor y sus santos ángeles, se mostró la inefable grandeza y majestad de la ley de Dios. Para todo aquel que recordase el juramento de Dios a Abrahán, fue una revelación de la sobrecogedora grandeza de la promesa de Dios, puesto que juró que daría toda la justicia que la ley demanda a quienquiera que confiase en Él. La voz atronadora con la que se pronunció la ley fue la misma que en las cimas de las montañas proclamó las buenas nuevas de la gracia salvadora de Dios (Isa. 40:9). Los preceptos de Dios son promesas. No puede ser de otra manera, pues Él sabe que no tenemos poder alguno. ¡Todo lo que el Señor requiere, Él mismo lo da! Cuando dice "no harás..." podemos tomarlo como la seguridad que Él nos da de que si simplemente creemos, nos preservará del pecado contra el que advierte en ese precepto.

Justicia y Vida

"Si la Ley pudiera vivificar, la justicia vendría realmente por la Ley". Eso demuestra que *la justicia es vida*. No se trata de una mera fórmula, de una teoría muerta o de un dogma, sino de acción vital. Cristo es la vida, y Él es, por consiguiente, nuestra justicia. La ley escrita en dos tablas de piedra no podía dar vida; no más de la que puede dar la piedra sobre la que estaba escrita. Todos sus preceptos son perfectos, pero su expresión escrita en caracteres esculpidos sobre la piedra no puede transformarse por sí misma en acción. El que recibe la ley solamente en la letra, posee el "ministerio de condenación" y muerte (2 Cor. 3:9). Pero "el Verbo [la Palabra] se hizo carne". En Cristo, la Piedra viviente, la ley es vida y paz. Recibiéndolo a Él por "el ministerio del Espíritu" (2 Cor. 3:8), poseemos la vida de justicia que la ley aprueba.

El versículo veintiuno muestra que la ley fue dada para enfatizar la grandeza de la promesa. Todas las circunstancias que acompañaron la promulgación de la ley -la trompeta, las voces, el terremoto, el fuego, la tempestad, los relámpagos y truenos, la barrera de muerte en torno al monte-, indicaban que la ley "obra ira" en los "hijos de desobediencia" (Rom. 4:15; Efe. 5:6). Pero el hecho mismo de que la ley obre ira solamente en los hijos de desobediencia muestra que la ley es buena, y que "el que hace estas cosas, vivirá por ellas" (Rom. 10:5). ¿Era el propósito de Dios desalentar a su pueblo? De ninguna manera. *Es necesario obedecer la ley, y los terrores del Sinaí tenían por objeto llevarlos de nuevo al juramento que Dios hizo cuatrocientos treinta años antes; juramento que ha de permanecer para todo hombre en todo tiempo, como la seguridad de la justicia que viene mediante el Salvador crucificado que vive por siempre.*

Aprendiendo a Sentir Nuestra Necesidad

Refiriéndose al Consolador, Jesús dijo: "Cuando él venga convencerá al mundo de pecado, de justicia y de juicio" (Juan 16:8). Dijo de sí mismo: "No he venido a llamar a justos, sino a pecadores". "Los sanos no necesitan médico, sino los enfermos" (Mar. 2:17). Uno ha de reconocer su necesidad, antes de poder aceptar la ayuda; ha de saberse enfermo, para recibir el remedio.

De igual forma, la promesa de la justicia pasará totalmente inadvertida para aquel que no se reconoce pecador. Por lo tanto, la primera parte de la obra *consoladora* del Espíritu Santo consiste en convencer a los hombres de pecado. "La Escritura encerró todo bajo pecado, para que la promesa fuese dada a los creyentes por medio de la fe en Jesucristo" (Gál. 3:22). *"Por la Ley se alcanza el conocimiento del pecado"* (Rom. 3:20). El que se sabe pecador, está en el camino del conocimiento, y *"si confesamos nuestros pecados, Dios es fiel y justo para perdonar nuestros pecados, y limpiarnos de toda maldad"* (1 Juan 1:9).

Así, la ley es, en las manos del Espíritu, un agente activo que induce a los hombres a que acepten la plenitud de la promesa. Nadie odiará a aquel que le salvó la vida señalándole un peligro que le era desconocido. Al contrario, recibirá la consideración de amigo y será recordado siempre con gratitud. Así es como verá la ley quien haya sido avisado por su voz de advertencia, a fin de que huya de la ira que vendrá. Dirá con el salmista: "Los pensamientos vanos aborrezco; mas amo tu ley" (Sal. 119:113).

23. *Pero antes que viniese la fe, estábamos guardados bajo la Ley, encerrados para aquella fe que había de ser revelada.*

Observa la similitud entre los versículos 8 y 22: "Mas la Escritura encerró todo bajo pecado, para que la promesa por la fe de Jesucristo fuese dada a los que" (vers. 22). "Y la Escritura, previendo que Dios justificaría a los gentiles por la fe, de antemano anunció el evangelio a Abrahán, al decirle: 'En ti serán benditas todas las naciones'" (vers. 8). Vemos que la Escritura que predica el evangelio es la misma que "encerró" a todos los hombres bajo pecado. Por supuesto, el que está encerrado bajo la ley es un prisionero. En los gobiernos terrenales, un criminal resulta apresado tan pronto como la ley logra "atraparlo". La ley de Dios es omnipresente, y está siempre activa. Por lo tanto, en el momento en que el hombre peca, resulta encerrado o aprisionado. Tal es la condición del mundo entero, "por cuanto todos pecaron", y "no hay justo, ni aun uno".

Aquellos desobedientes a quienes Cristo predicó en los días de Noé estaban en prisión (1 Ped. 3:19 y 20). Pero como el resto de pecadores eran "prisioneros de esperanza" (Zac. 9:12). *"Porque miró de lo alto de su Santuario, El Señor miró desde el cielo a la tierra, para oír el gemido de los presos, y soltar a los sentenciados a muerte"* (Sal. 102:19 y 20). Cristo se da *"por pacto del pueblo, por luz de los gentiles. Para que abras los ojos de los ciegos, para que saques de la cárcel a los presos, y de casas de prisión a los que están en tinieblas"* (Isa. 42:6 y 7).

Si es que no conocieses aún el gozo y la libertad del Señor, permite que te hable desde mi experiencia personal. Algún día no muy lejano, quizá sea hoy mismo, el Espíritu de Dios te hará sentir profunda convicción de pecado. Puedes haber estado lleno de dudas y vacilaciones, puedes haber buscado toda clase de excusas y evasivas, pero al llegar ese momento no tendrás nada que replicar. No tendrás entonces duda alguna con respecto a la realidad de Dios y el Espíritu Santo, y no necesitarás argumento alguno que te asegure de ella. Reconocerás la voz de Dios hablando a tu alma, y tu clamor será como el del antiguo Israel: *"no hable Dios con nosotros, para que no muramos"* (Éx. 20:19). Sabrás entonces lo que significa estar "encerrado" en una prisión cuyas paredes sentirás tan próximas a ti, que además de hacer imposible tu huida parezcan asfixiarte. Los relatos de personas que fueron condenadas a ser enterradas en vida bajo una pesada losa se tornarán extrañamente vívidos y reales cuando sientas como si las tablas de la ley aplastaran tu vida, y tu corazón se quebrantase bajo la acometida de una implacable mano de piedra. En ese punto te proporcionará gran gozo recordar que estás "encerrado" solamente con el propósito de que 'por la fe recibas la promesa del Espíritu' "en Cristo Jesús" (Gál. 3:14). Tan pronto como te aferres a esa promesa, descubrirás que es la llave para abrir todas las puertas de tu "castillo de la duda" (*El Progreso del Peregrino*). Las puertas de la prisión se abrirán entonces de par en par, y dirás: "nuestra alma escapó cual ave del lazo de los cazadores, se rompió el lazo, y escapamos" (Sal. 124:7).

Bajo La Ley, Bajo Pecado

Antes que viniese la fe, estábamos encerrados bajo la ley, estábamos prisioneros para la fe que había de manifestarse después. Sabemos que todo lo que no es de fe, es pecado (Rom. 14:23). Por lo tanto, estar "bajo la ley" es lo mismo que estar bajo pecado. La gracia de Dios trae salvación del pecado, de tal manera que cuando creemos en la gracia de Dios dejamos de estar bajo la ley, pues somos libertados del pecado. Por consiguiente, *los que están bajo la ley son los transgresores de la ley.* Los justos no están *bajo* la ley, sino que caminan *en* ella.

24. *De manera que la Ley fue nuestro ayo [tutor] para llevarnos a Cristo, para que fuésemos justificados por la fe.*

"Ayo" se ha traducido de la voz griega *paidagogos*, o pedagogo. El pedagogo era un esclavo del padre de familia y tenía por misión acompañar al niño a la escuela, asegurándose de que la disipación y el juego no malograban su instrucción. Si el infante intentaba escapar, el pedagogo tenía que traerlo de vuelta al camino, y tenía autoridad incluso para emplear métodos físicos de corrección. "Tutor" o "instructor" no son buenas traducciones del término griego. La idea es más bien la de *guardián* o *vigilante*. El niño sometido a su custodia, aun teniendo un rango superior, está de hecho privado de libertad, como si estuviera en prisión. Todo aquel que no cree está bajo pecado, encerrado bajo la ley, y por lo tanto, la ley actúa como su guardián o vigilante. La ley lo mantendrá esclavo. El culpable no puede escapar en su culpa. Aunque Dios es misericordioso y clemente, "*de ningún modo tendrá por inocente al malvado*" (Éx. 34:6 y 7). Es decir, jamás mentirá diciendo que lo malo es bueno. Lo que hace es proveer un remedio en el que el culpable pueda quedar libre de su culpa. Entonces la ley dejará de coartar [limitar] su libertad y podrá caminar libre en Cristo.

Libertad En Cristo

Cristo dice: "Yo soy la puerta" (Juan 10:9). Él es igualmente el redil, y también el Pastor. El hombre supone que es libre saliendo fuera del redil, y piensa que venir al redil significa poner cortapisas a su libertad; sin embargo, es exactamente al revés. El redil de Cristo es un "lugar amplio", mientras que la incredulidad es una prisión estrecha. La amplitud de pensamiento del pecador nunca puede superar el ámbito de lo estrecho. El verdadero librepensador es aquel que comprende "con todos los santos, la anchura, la longitud, la profundidad y la altura del amor de Cristo, y [conoce] ese amor que supera a todo conocimiento" (Efe. 3:18 y 19). Fuera de Cristo no hay más que esclavitud. Sólo en Él hay libertad. Fuera de Cristo, el hombre está en prisión: "retenido será con las cuerdas de su pecado" (Prov. 5:22).

"El poder del pecado es la ley" (1 Cor. 15:56). Es la ley la que declara pecador al hombre, y le hace consciente de su condición. "Por la ley es el conocimiento del pecado", y "el pecado no se imputa donde no hay ley" (Rom. 3:20; 5:13). La ley conforma las paredes de la prisión del pecador. Lo encierra en ella, haciéndole sentir incómodo, oprimido por el sentido del pecado, como si fuera a privarle de la vida. El pecador se debate en vanos y frenéticos esfuerzos por escapar, pero los mandamientos se erigen a modo de inexpugnables muros a su alrededor. Vaya en la dirección que vaya, se tropieza con un mandamiento que le dice: 'Nunca puedes encontrar la libertad por mí, puesto que has pecado'. Si procura ponerse a buenas con la ley y promete obedecerla, su situación no mejora en nada, ya que su pecado permanece de todos modos. La ley lo aguijonea, y lo lleva a la única vía de escape: "la promesa... por medio de la fe en Jesucristo". En Cristo es hecho verdaderamente libre, ya que es hecho justicia de Dios en Él. En Cristo está la perfecta ley de la libertad.

La Ley Predica El Evangelio

Toda la creación habla de Cristo, proclamando el poder de su salvación. Cada fibra del ser humano clama por Cristo. Aunque el hombre pueda no saberlo, Cristo es el "Deseado de todas las gentes" (Hag. 2:7). Sólo Él colma de "bendición a todo ser viviente" (Sal. 145:16). Solamente en Él se encuentra el remedio para la inquietud y anhelo del mundo.

Puesto que Cristo -en quien hay paz, ya que "Él es nuestra paz"- está buscando a los que están fatigados y cargados, y los llama a venir a Él; y teniendo en cuenta que todo hombre tiene anhelos que ninguna otra cosa en el mundo puede colmar, queda claro que si la ley despierta en el hombre una percepción clara de su condición, y la ley continúa aguijoneándolo, no dándole descanso, impidiéndole cualquier otra vía de escape, *el hombre acabará por encontrar la puerta de salvación*, puesto que ¡está abierta de par en par! Cristo es la ciudad de refugio a donde puede huir todo aquel que se encuentre asediado por el vengador de la sangre, con la seguridad de que será bienvenido. Solamente en Cristo hallará el pecador descanso del látigo de la ley, porque en Cristo se cumple en nosotros la justicia de la ley (Rom. 8:4). La ley no permitirá a nadie ser salvo, a menos que posea "la justicia que viene de Dios por la fe" (Fil. 3:9), la fe de Jesús.

25. Mas venida la fe, ya no estamos bajo ayo. 26. Porque todos sois hijos de Dios por la fe en Cristo Jesús.

"Así que la fe viene por el oír, y el oír por la palabra de Dios" (Rom. 10:17). Cuando el hombre recibe la Palabra de Dios, la palabra de la promesa que trae con ella la plenitud de la ley, y en lugar de luchar en su contra, se somete a ella, le viene "la fe". El capítulo once de Hebreos demuestra que la fe vino desde el principio. Desde los días de Abel, el hombre ha encontrado la libertad por medio de la fe. La fe puede venir hoy, ahora. "*Ahora es el tiempo aceptable, he aquí ahora el día de salvación"* (2 Cor. 6:2). *"Si oyereis hoy su voz, no endurezcáis vuestro corazón"* (Heb. 3:7, 8).

27. Porque todos los que habéis sido bautizados en Cristo, de Cristo estáis revestidos.

"¿No sabéis que todos los que hemos sido bautizados en Cristo Jesús, hemos sido bautizados en su muerte?" (Rom. 6:3). Es por su muerte como Cristo nos redime de la maldición de la ley, pero *nosotros tenemos que morir con Él.* El bautismo es *"una muerte semejante a la suya"* (Rom. 6:5). Resucitamos para andar *"en novedad de vida"*, la vida de Cristo (ver Gál. 2:20). Habiendo sido revestidos de Cristo, somos uno en Él. Estamos completamente identificados con Él. Nuestra identidad se pierde en la suya. Oímos frecuentemente decir de quien se ha convertido: 'Ha cambiado tanto, que a duras penas lo reconocerías. No es el mismo'. No; no lo es. Dios ha hecho de él otro hombre. Por lo tanto, siendo uno con Cristo, le pertenece todo lo que es de Cristo, incluyendo un sitio en los "lugares celestiales" en donde Cristo mora. Desde la cárcel del pecado se lo exalta hasta la morada de Dios. Ahora bien, eso presupone que el bautismo sea para él una realidad, no una simple formalidad externa. No es solamente en el agua visible en la que se bautiza, sino "en Cristo", en la vida de Él.

¿Cómo Nos Salva El Bautismo?

El vocablo griego que traducimos por "bautizar", significa sumergir. El herrero griego *bautizaba* en agua el material que forjaba con el objeto de enfriarlo. El ama de casa *bautizaba* su colada para lavarla. Y con el mismo propósito bautizaban todos sus manos en agua. Sí, y todos acudían con frecuencia al *baptisterion* –o estanque– con similar propósito. De ahí tomamos nuestra voz baptisterio (o bautisterio). Era y es un lugar en donde uno podía sumergirse totalmente bajo el agua.

La expresión "bautizados en Cristo" indica cuál ha de ser nuestra relación con Él. Debemos ser sorbidos y perdidos de vista en su vida. Entonces sólo se verá a Cristo, de forma que ya no vivo yo, puesto que *"fuimos sepultados junto con Él para muerte por medio del bautismo"* (Rom. 6:4). El bautismo nos salva *"por la resurrección de Jesucristo"* (1 Ped. 3:21) puesto que somos bautizados en su muerte *"a fin de que como Cristo resucitó de los muertos por la gloria del Padre, así también nosotros andemos en novedad de vida"*. *"Si fuimos reconciliados con Dios por la muerte de su Hijo; mucho más...*

seremos salvos por su vida" (Rom. 5:10). Por lo tanto, el bautismo en Cristo –no la mera forma sino el hecho- nos salva.

El bautismo significa *"una buena conciencia"* ante Dios (1 Ped. 3:21). En ausencia de ésta, no hay bautismo cristiano. Por lo tanto, el candidato al bautismo debe tener la edad suficiente como para poder tener "conciencia" del hecho. Debe tener conciencia de pecado, y también del perdón mediante Cristo. Ha de conocer la vida que entonces se manifiesta, y ha de deponer voluntariamente su antigua vida de pecado, para entregarse a una nueva vida de justicia.

El bautismo no consiste en quitar "las impurezas del cuerpo" (1 Ped. 3:21) ni tampoco en la limpieza exterior de ese cuerpo, sino en "una conciencia buena delante de Dios", una purificación del alma y la conciencia. Hay un manantial abierto, para lavar el pecado y la inmundicia (Zac. 13:1), y por ese manantial fluye la sangre de Jesús. La vida de Cristo mana desde el trono de Dios, "en medio" del cual está de pie "un Cordero como inmolado" (Apoc. 5:6), tal como manó del costado herido de Cristo, en la cruz. Cuando *"por el Espíritu eterno se ofreció a sí mismo sin mancha a Dios"* (Heb. 9:14), de su costado herido brotó agua y sangre (Juan 19:34). *"Cristo amó a la iglesia, y se entregó a sí mismo por ella, para santificarla limpiándola en el lavamiento del agua por la Palabra* [literalmente: *baño de agua en la palabra*]" (Efe. 5:25 y 26). Al ser enterrado en agua en el nombre del Padre, el Hijo y el Espíritu Santo, el creyente da fe de su aceptación voluntaria del agua de vida, la sangre de Cristo, que purifica de todo pecado, y de que se dispone desde entonces a vivir de toda palabra procedente de la boca de Dios. Desde ese momento se pierde a sí mismo de vista, y sólo la vida de Cristo se manifiesta en su carne mortal.

28. Ya no hay judío ni griego, no hay ni esclavo ni libre, no hay varón ni mujer, porque todos vosotros sois uno en Cristo Jesús.
29. Y si vosotros sois de Cristo, entonces simiente sois de Abrahán, y herederos conforme a la promesa.

"No hay diferencia" (Rom. 3:22; 10:12). Es la nota tónica del evangelio. Todos son pecadores por igual, y todos son salvos de la misma manera. Quien pretendiese hacer diferencia en razón de la nacionalidad, judío o gentil, la podría hacer igualmente a propósito del sexo - varón o hembra- o de la condición social -amo o esclavo- etc. Pero no hay diferencia. Todos los seres humanos son iguales ante Dios, sin importar la raza o condición. "Sois uno en Cristo Jesús", y el Uno es Cristo. "No dice: 'Y a sus simientes, como si hablara de muchos, sino de uno solo: 'A tu Simiente, que es Cristo" (Gál. 3:16). No hay más que una simiente, pero abarca a todos los que son de Cristo.

Ser revestidos de Cristo significa ser vestidos *"del nuevo hombre, creado según Dios, en justicia y en santidad verdadera"* (Efe. 4:24). Aboliendo en su carne la enemistad, la mente carnal, *"para hacer en sí mismo de los dos un nuevo hombre, haciendo la paz"* (Efe. 2:15). Él es el auténtico Hombre, "Jesucristo hombre". Fuera de Él no existe verdadera humanidad. Llegamos *"a un varón perfecto"* solamente en la *"medida de la estatura de la plenitud de Cristo"* (Efe. 4:13). En la plenitud del tiempo, Dios reunirá todas las cosas en Cristo. No habrá más que un solo Hombre, y solamente su justicia, en la medida en que la "Simiente" es una. "Y si vosotros sois de Cristo, ciertamente simiente de Abrahán sois, y herederos conforme a la promesa".

La "Simiente" es Cristo. Así lo declara el texto. Pero Cristo no vivió para sí mismo. Ganó una herencia, no para sí mismo, sino para sus hermanos. El propósito de Dios es *"reunir todas las cosas en Cristo, así las que están en el cielo, como las que están en la tierra"* (Efe. 1:10). Un día pondrá fin a todas las divisiones, sean de la clase que sean, y lo hace ya ahora en aquellos que lo aceptan. En Cristo no hay distinciones de nacionalidad, clase o rango. El cristiano piensa de cualquier otra persona -inglés, alemán, francés, ruso, turco, chino o africano- simplemente como de una persona, y por lo tanto, como un posible heredero de Dios mediante Cristo. Si esa otra persona, de la raza o condición que sea, se hace también cristiano, los lazos vienen a ser mutuos, y por lo tanto aún más fuertes. *"Ya no hay judío ni griego, no hay esclavo ni libre, no hay varón ni mujer, porque todos vosotros sois uno en Cristo Jesús"*.

Esa es la razón que hace imposible que un cristiano haga la guerra. El cristiano no conoce distinción de nacionalidad, sino que ve a su hermano en todo hombre. La vida de Cristo es su vida, puesto que es uno con Cristo. Le será tan imposible entregarse a la lucha, como habría sido para Cristo el blandir la espada y pelear en defensa propia, ante el ataque de los soldados romanos. Y dos cristianos no pueden luchar entre sí más de lo que Cristo puede luchar contra sí mismo.

Sin embargo, la guerra no es ahora el objetivo de nuestro estudio, sino el señalar la absoluta unidad de los creyentes en Cristo. Efectivamente, son uno. A pesar de los muchos millones de creyentes que pueda haber, son uno en Cristo. Cada uno posee su propia individualidad, pero se trata siempre de la manifestación de algún aspecto de la individualidad de Cristo. El cuerpo humano tiene muchos miembros y todos ellos difieren en sus peculiaridades. Sin embargo, observamos perfecta unidad y armonía en el cuerpo humano, en su estado de salud. En aquellos que se han vestido del "nuevo hombre", el cual "se renueva hasta el conocimiento pleno, conforme a la imagen de su Creador,... no hay griego ni judío, circuncisión ni incircuncisión, bárbaro ni escita, siervo ni libre, sino que Cristo es el todo, en todos" (Col. 3:10 y 11).

La Cosecha

En la explicación que Cristo dio de la parábola del trigo y la cizaña, señaló que "la buena semilla [o descendientes] son los hijos del reino" (Mat. 13:38). El agricultor no permitió que se arrancara la cizaña, debido a que en los estadios iniciales era difícil distinguirla del trigo, y parte de éste resultaría destruido; por lo tanto, dijo: "Dejad crecer lo uno y lo otro hasta la siega. Y al tiempo de la siega yo diré a los segadores: Arrancad primero la cizaña, y atadla en manojos para quemarla, pero juntad el trigo en mi granero" (vers. 30). Como es bien sabido, es en la cosecha cuando se recoge la simiente.

La parábola tiene por fin específico el enseñar que *es en la cosecha cuando la simiente se manifiesta en su plenitud*. Todo lo que la cosecha aguarda es la plena manifestación y madurez de la semilla.

Ahora bien, "la siega es el fin del mundo". Por lo tanto, el tiempo señalado en Gálatas 3:19, "hasta que viniese la simiente [o descendiente] a quien fue hecha la promesa", no es otro que el fin del mundo, momento en el que ha de hallar cumplimiento la promesa referente a la tierra nueva. La "simiente" no puede manifestarse antes de ese tiempo.

Leemos de nuevo Gálatas 3:19. "Entonces, ¿para qué sirve la ley? Fue añadida a causa de las transgresiones, hasta que viniese la simiente a quien fue hecha la promesa". ¿Qué nos enseña el versículo? Sencillamente esto: que la ley, tal cual fue proclamada en el Sinaí -sin cambiar una jota ni un tilde- es parte integral del evangelio, y debe ser presentada en el evangelio, hasta la segunda venida de Cristo en el fin del mundo. "Hasta que el cielo y la tierra perezcan, ni una jota ni una tilde perecerá de la ley, hasta que todo se cumpla" (Mat. 5:18). Y ¿qué diremos del momento en el que "perezcan" este cielo y tierra, para establecerse los nuevos? Entonces no habrá más necesidad de que la ley esté escrita en un libro a fin de poder predicar a los pecadores y que sus pecados les sean expuestos. En aquel tiempo *estará en el corazón de todo hombre* (Heb. 8:10 y 11). ¿Abolida? ¡De ninguna manera!, sino grabada indeleblemente *en el corazón* de cada persona; escrita, no con tinta, sino con el Espíritu del Dios viviente.

La "simiente" se refiere a todos cuantos pertenecen a Cristo. Y sabemos que la "herencia" prometida no se ha manifestado en su plenitud. Jesús, en sus días en esta tierra, no la recibió en mayor medida que Abrahán. Cristo mismo no puede poseer la "herencia" prometida antes que lo haga Abrahán, puesto que "las promesas fueron hechas a Abrahán y a su simiente". El Señor habló por medio de Ezequiel de esa "herencia" en el momento en que David dejase de tener un representante de su trono en la tierra, y predijo la caída de Babilonia, Persia, Grecia y Roma en estos términos: *"Depón la mitra, quita la corona... ¡A ruina, a ruina, a ruina la reduciré! Y no será más, hasta que venga Aquel a quien corresponde el derecho. Y a Él se la entregaré"* (Eze. 21:26 y 27).

Así, Cristo está sentado en el trono de su Padre, y *"de aquí en adelante esperando hasta que sus enemigos sean puestos por estrado de sus pies"* (Heb. 10:13). Pronto volverá. Todos los que son guiados por el Espíritu de Dios, éstos son hijos de Dios y herederos juntamente con Cristo, de forma que Cristo no puede poseer la herencia antes que ellos. La "simiente" es una; no está dividida. Cuando Cristo venga a ejecutar el juicio y a destruir a aquellos que han elegido así: *"no queremos que este hombre reine sobre nosotros"*; cuando el Hijo del hombre venga en su gloria y todos los santos ángeles con Él, *"entonces se sentará en su trono de gloria"* (Mat. 25:31).

Entonces estará completa la "simiente" y se cumplirá la promesa. Hasta ese momento la ley continuará cumpliendo fielmente su misión de despertar y aguijonear la conciencia de los pecadores, no dándoles descanso hasta que vengan a identificarse con Cristo, o bien lo rechacen completamente. ¿Aceptarás sus términos, querido lector? ¿Pondrás fin a tus quejas a propósito de esa ley que te salva de hundirte en un sueño fatal? ¿Aceptarás la justicia de la ley, en Cristo? Si así lo haces, como verdadera simiente de Abrahán que eres, y heredero según la promesa, puedes alegrarte en tu liberación de la esclavitud del pecado, cantando:

¡Feliz el día en que escogí
servirte, mi Señor y Dios!
Preciso es que mi gozo en ti
lo muestre hoy por obra y voz.
¡Soy feliz! ¡Soy feliz!
y en tu favor me gozaré.
En libertad y luz me vi
cuando triunfó en mí la fe,
y el raudal carmesí,
salud de mi alma enferma fue.

(Himno 330)

Capítulo 4
La Adopción como Hijos

1. Además digo, entre tanto que el heredero es niño, en nada difiere del siervo, aunque es señor de todo; 2. Sino que está bajo tutores y mayordomos hasta el tiempo señalado por el padre.

La división por capítulos que hoy conocemos, es arbitraria, y cuesta imaginar qué razón pudo llevar a elegir esa discontinuidad entre el tercero y el cuarto. El capítulo anterior termina con una afirmación en cuanto a *quiénes* son los herederos. El actual continúa con consideraciones relativas a *cómo* venimos a ser constituidos herederos.

En los días de Pablo aunque un niño pudiese ser el heredero del mayor de los reinos, hasta no haber alcanzado cierta edad en nada se diferenciaba de un siervo (o esclavo). A menos que llegara a una edad determinada, jamás poseería la herencia. En tal caso -por lo que a la herencia concierne- habría vivido como un simple siervo.

3. Así también nosotros, cuando éramos niños, estábamos en esclavitud bajo los rudimentos del mundo. 4. Mas venido el cumplimiento del tiempo, Dios envió a su Hijo, hecho de mujer, hecho súbdito a la Ley, 5. Para que redimiese a los que estaban bajo la Ley, a fin de que recibiésemos la adopción de hijos.

La expresión "niños" del versículo tres, se refiere a la condición en la que estábamos antes de recibir "la adopción de hijos" (vers. 5). Representa nuestra condición antes de ser redimidos de la maldición de la ley; es decir, antes de nuestra conversión. Se trata de los *"niños fluctuantes, llevados por cualquier viento de doctrina, por estratagema de hombres, que para engañar emplean con astucia los artificios del error"* (Efe. 4:14). En resumen, se trata de nosotros en nuestro estado inconverso, cuando *"vivimos en otro tiempo al impulso de los deseos de nuestra carne... y éramos por naturaleza hijos de ira, igual que los demás"* (Efe. 2:3).

"Cuando éramos niños", "éramos siervos bajo los rudimentos del mundo". "Porque todo lo que hay en el mundo -los malos deseos de la carne, la codicia de los ojos y la soberbia de la vida-, no procede del Padre, sino del mundo. Y el mundo y sus deseos se pasan" (1 Juan 2:16 y 17). La amistad con el mundo es enemistad contra Dios. "¿No sabéis que la amistad del mundo es enemistad con Dios?" (Sant. 4:4). Es "del presente siglo malo" del que Cristo vino a librarnos. "Mirad que nadie os engañe por medio de filosofías y vanas sutilezas, según las tradiciones de los hombres, conforme a los rudimentos del mundo, y no según Cristo" (Col. 2:8). La servidumbre "bajo los rudimentos del mundo" consiste en andar "siguiendo la corriente de este mundo", en vivir "al impulso de los deseos de nuestra carne, haciendo la voluntad de la carne y de los pensamientos", siendo "por naturaleza hijos de ira" (Efe. 2:1-3). Es la misma esclavitud descrita en Gálatas 3:22-24: "Antes que viniese la fe", cuando estábamos "guardados bajo la ley", encerrados "bajo pecado". Es la condición de los hombres que están "sin Cristo, excluidos de la ciudadanía de Israel, ajenos a los pactos de la promesa, sin esperanza y sin Dios en el mundo" (Efe. 2:12).

Todos Pueden Ser Herederos

Dios no ha rechazado a la raza humana. Puesto que al primer hombre creado se lo llama "hijo de Dios" (Luc. 3:38), todos los hombres pueden ser igualmente herederos. "Antes que viniese la fe", aunque todos nos apartamos de Dios, "estábamos guardados por la Ley", guardados por un severo vigilante, tenidos en sujeción, a fin de poder ser llevados a aceptar la promesa. ¡Qué bendición, que Dios cuente también a los impíos, a quienes están en la esclavitud del peado, como a sus hijos; hijos errantes y pródigos, pero hijos al fin y al cabo! Dios ha hecho a todos los hombres "aceptos en el Amado" (Efe. 1:6). El presente tiempo de prueba nos es dado con el propósito de darnos una oportunidad de que lo conozcamos como a nuestro Padre, y que vengamos a serle verdaderos hijos. Pero a menos que nos volvamos a Él, moriremos como esclavos del pecado.

"Pero venido el cumplimiento del tiempo", vino Cristo. En Romanos 5:6 encontramos una expresión paralela: "Cuando aún éramos débiles, a su tiempo Cristo murió por los impíos". La muerte de Cristo opera para los que viven hoy, y para los que vivieron antes que se manifestase en carne -en Judea-, tanto como para sus contemporáneos. No tuvo un mayor efecto en los que vivieron en aquella generación. Murió una vez por todos; por lo tanto, su impacto es el mismo en cualquier época. "Cuando se cumplió el tiempo", se refiere al tiempo en el que la profecía había predicho que se revelaría el Mesías; pero la redención es para todos los hombres, en todas las edades. Fue "designado desde antes de la fundación del mundo, pero manifestado en este último tiempo" (1 Ped. 1:20). Si el plan de Dios hubiese sido que se revelara en nuestros días, o incluso poco tiempo antes del final del tiempo, no habría significado diferencia alguna en relación con el propósito general del evangelio. "Viviendo siempre" (Heb. 7:25), "es el mismo ayer, hoy y por los siglos" (Heb. 13:8). Es "por el Espíritu eterno" como se ofreció a sí mismo por nosotros (Heb. 9:14); por lo tanto, ese sacrificio es eterno, presente e igualmente eficaz en todo tiempo.

"Nacido De Mujer"

Dios envió a su Hijo *"nacido de mujer"*: un hombre auténtico. Vivió y sufrió todas las enfermedades y quebrantos que afligen al hombre. *"Y aquel Verbo se hizo carne"* (Juan 1:14). Cristo se refirió siempre a sí mismo como "el Hijo del hombre", identificándose así por siempre con el conjunto de la raza humana. Una unión que nunca se habrá de quebrantar.

Siendo *"nacido de mujer"*, tuvo necesariamente que ser *"nacido bajo la Ley"*, puesto que esa es la condición de toda la raza humana. *"Debía ser en todo semejante a sus hermanos, para venir a ser compasivo y fiel Sumo Sacerdote ante Dios, para expiar los pecados del pueblo"* (Heb. 2:17). Tomó sobre sí todas las cosas. *"Llevó nuestras enfermedades y sufrió nuestros dolores"* (Isa. 53:4). *"Tomó nuestras enfermedades y llevó nuestras dolencias"* (Mat. 8:17). *"Todos nosotros nos descarriamos como ovejas, cada cual se apartó por su camino: mas Jehová cargó en él el pecado de todos nosotros"* (Isa. 53:6). Nos redimió viniendo literalmente a nuestro lugar y tomando la carga de nuestros hombros. *"Al que no tenía pecado, Dios lo hizo pecado por nosotros, para que nosotros seamos hechos justicia de Dios en él"* (2 Cor. 5:21).

En el más pleno sentido de la palabra, y en un grado en el que rara vez se piensa cuando se usa la expresión, se convirtió en el sustituto del hombre. Afecta a todo nuestro ser, identificándose tan plenamente con nosotros, que todo cuanto nos toque o afecte, le toca y afecta a Él. No es nuestro sustituto en el sentido en el que un hombre sustituye a otro. En la milicia, por ejemplo, se coloca a un soldado en el puesto de otro que se encuentra en algún otro campo, ocupado en una misión distinta. Pero la sustitución de Cristo es algo enteramente diferente. Es nuestro sustituto en tanto en cuanto viene en lugar nuestro, hasta el punto de que ya no aparecemos nosotros. Desaparecemos, de forma que "ya no vivo yo, sino que Cristo vive en mí". Ponemos nuestra solicitud en Él, no quitándonosla de encima y colocándola sobre Él mediante penoso esfuerzo, sino humillándonos en la nada que realmente somos, de manera que nuestra carga descanse solamente sobre Él.

Podemos ver ya la forma en que vino "para redimir a los que estaban bajo la Ley". Lo hace en el más real y práctico de los sentidos. Algunos suponen que esa expresión significa que Cristo libró a los judíos de la necesidad de ofrecer sacrificios, o de toda obligación de guardar en lo sucesivo los mandamientos. Pero si solamente los judíos estaban "bajo la ley", entonces Cristo vino a redimir solamente a los judíos. Necesitamos reconocer que estamos –o estuvimos antes de ser creyentes– "bajo la ley", pues Cristo vino a redimir precisamente a los que estaban "bajo la ley", y no a otros. Estar "bajo la ley", tal como hemos visto, significa estar condenados por la ley como transgresores. Cristo no vino "a llamar a justos, sino a pecadores" (Mat. 9:13). Pero la ley condena exclusivamente a los que están bajo su jurisdicción, a aquellos que están bajo la obligación de obedecerla. Puesto que Cristo nos libra de la condenación de la ley, es evidente que nos redime a una vida de obediencia a la ley.

"A fin de que recibiésemos la adopción de hijos"

"Amados, ahora ya somos hijos de Dios" (1 Juan 3:2). "A todos los que lo recibieron, a los que creyeron en su Nombre, les dio potestad de ser hijos de Dios" (Juan 1:12). Se trata de un estado radicalmente distinto al descrito en Gálatas 4:3 ("cuando éramos niños"). En esa situación, podía decirse de nosotros "que este pueblo es rebelde, hijos mentirosos que no quieren obedecer la Ley de Dios" (Isa. 30:9). Al creer en Jesús y recibir "la adopción de hijos", recibimos la consideración de "hijos obedientes", no conformes con los malos deseos a los que obedecíamos en nuestra ignorancia (1 Ped. 1:14). Cristo dijo: "El hacer tu voluntad, Dios mío, me ha agradado, y tu Ley está en medio de mi corazón" (Sal. 40:8). Por lo tanto, dado que se hace nuestro sustituto, tomando literalmente nuestro lugar, no *en lugar de* nosotros, sino viniendo *a* nosotros y viviendo su vida *en* nosotros y *para* nosotros, queda claro que su ley estará en medio de nuestro corazón, al recibir la adopción de hijos.

> *6. Y por cuanto sois hijos, Dios envió el Espíritu de su Hijo a vuestros corazones, que claman "¡Abba, Padre!" 7. Así, ya no eres más siervo, sino hijo. Y si hijo, también heredero de Dios por medio de Cristo.*

¡Cuánta paz y alegría trae el Espíritu, al hacer morada en el corazón! No como huésped temporal, sino en calidad de único propietario. *"Así, habiendo sido justificados por la fe, estamos en paz con Dios, por medio de nuestro Señor Jesucristo"*, de forma que nos alegramos hasta en las tribulaciones, según la esperanza que *"no avergüenza, porque el amor de Dios está vertido en nuestro corazón por medio del Espíritu Santo que nos ha sido dado"* (Rom. 5:1 y 5). Entonces podemos amar de la forma en que Dios ama, puesto que participamos de su naturaleza divina. *"El mismo Espíritu testifica a nuestro espíritu de que somos hijos de Dios"* (Rom. 8:16). *"El que cree en el Hijo de Dios, tiene el testimonio en sí mismo"* (1 Juan 5:10).

De la misma manera en que hay dos clases de "hijos", hay también dos clases de "siervos". En la primera parte del capítulo se utiliza la palabra "niño" en referencia a los que aún no han alcanzado "el tiempo señalado", los que aún no tienen los sentidos ejercitados para discernir el bien y el mal (Heb. 5:14). La promesa es para ellos, y también "para todos los que están lejos" (Hech. 2:39), pero queda por ver si aceptándola vendrán a ser hechos participantes de la naturaleza divina (2 Ped. 1:4), y por lo tanto, verdaderos hijos de Dios. En su estado de "hijos de ira", son siervos del pecado; no de Dios. El cristiano es un "siervo": un siervo de Dios. Pero sirve de una forma totalmente diferente de aquella en la que el siervo del pecado sirve a satanás. <u>El carácter del siervo depende del Señor a quien sirve</u>. En este capítulo, se emplea "siervo", no refiriéndose al siervo de Dios –que es en realidad hijo– sino al siervo o esclavo del pecado. Entre el esclavo del pecado y el hijo de Dios hay una diferencia abismal. El esclavo no puede poseer nada, y no puede disponer sobre sí mismo. Esa es su característica distintiva. Al hijo nacido libre, por el contrario, se le ha dado dominio sobre toda la creación como en el principio, habida cuenta de la victoria obtenida sobre sí mismo. "Mejor es el que tarde se aíra que el fuerte; mejor el que domina su espíritu, que el que toma una ciudad" (Prov. 16:32).

Cuando el hijo pródigo vagaba lejos de la casa de su padre, en nada difería de un siervo. Era en verdad un siervo, encargado de las tareas más rutinarias y serviles. Se encontraba en esa condición cuando decidió regresar al viejo hogar, sintiéndose indigno de mejor trato que el de un siervo. Pero el padre lo divisó cuando estaba aún lejos y corrió a buscarlo recibiéndolo como a un hijo, y por lo tanto, heredero, a pesar de que hubiera perdido todo derecho a la herencia. De igual manera, nosotros hemos perdido todo derecho a ser llamados hijos, y hemos malgastado la herencia. Sin embargo, en Cristo, Dios nos recibe verdaderamente como a hijos, y nos da los mismos derechos y privilegios que tiene Cristo. Aunque Cristo está ahora en el cielo, a la diestra de Dios, "sobre todo principado, autoridad, poder y señorío, y sobre todo cuanto tiene nombre, no sólo en este siglo, sino aun en el venidero" (Efe. 1:20 y 21), no tiene nada que no comparta con nosotros, porque "Dios, que es rico en misericordia, por su gran amor con que nos amó, aun cuando estábamos muertos en pecados, nos dio vida junto con Cristo. Por gracia habéis sido salvos. Y con Él nos resucitó y nos sentó en el cielo con Cristo Jesús" (Efe. 2:4-6). Cristo es uno con nosotros en nuestro sufrimiento, a fin de que podamos ser uno con Él en su gloria. "Levantó a los humildes" (Luc. 1:52). "Él levanta del polvo al pobre, y al menesteroso exalta desde el muladar, para sentarlo con los príncipes y hacer que tengan por heredad asiento de honra" (1 Sam. 2:8). Ningún rey en la tierra posee riquezas ni poder comparables a las del más pobre mortal que conoce al Señor como a su *Padre*.

8. Antes, en otro tiempo, no conociendo a Dios, servíais a los que por naturaleza no son dioses.

Escribiendo a los corintios, el apóstol Pablo dijo: "*Sabéis que cuando erais gentiles, erais llevados a los ídolos mudos*" (1 Cor. 12:2). Lo mismo era cierto de los gálatas: habían sido paganos, adoradores de ídolos y esclavos de las más degradantes supersticiones. Recuerda que esa esclavitud es la misma que estudiamos en el capítulo precedente: la esclavitud de estar encerrados "bajo la ley". Es en esa esclavitud en la que se encuentra todo inconverso. En el segundo y tercer capítulos de Romanos leemos que "*no hay diferencia, por cuanto todos pecaron*". Los mismos judíos que no conocían al Señor por experiencia personal, estaban en una esclavitud tal: la esclavitud del pecado. "*Todo el que comete pecado, es esclavo del pecado*" (Juan 8:34). "*El que practica el pecado es del diablo*" (1 Juan 3:8). "*Lo que los gentiles sacrifican, a los demonios lo sacrifican, y no a Dios*" (1 Cor. 10:20). <u>El que no es cristiano, es pagano</u>: no hay término medio. Cuando el cristiano apóstata se convierte en un pagano.

Nosotros mismos anduvimos una vez "*siguiendo la corriente de este mundo, conforme al príncipe de la potestad del aire, el espíritu que ahora opera en los hijos de desobediencia*" (Efe. 2:2). "*En otro tiempo nosotros también éramos insensatos, desobedientes, extraviados, esclavos de diversas pasiones y placeres. Vivíamos en malicia y envidia. Éramos aborrecibles, aborreciéndonos unos a otros"* (Tito 3:3). También nosotros, 'en otro tiempo, cuando no [conocíamos] a Dios, [servíamos] a los que por naturaleza no son dioses'. Cuanto más cruel es el amo, más opresiva resulta la esclavitud. ¿Qué lenguaje puede describir el horror de ser esclavos de la corrupción misma?

9. Pero ahora, habiendo conocido a Dios, o más bien, siendo conocidos por Dios, ¿cómo es que os volvéis de nuevo a los débiles y pobres rudimentos, a los cuales os queréis volver a esclavizar?

¿No es sorprendente que los hombres prefieran continuar encadenados? Cristo vino *"a publicar libertad a los cautivos, y a los presos abertura de la cárcel"* (Isa. 61:1), diciendo a los prisioneros: *'Salid'*, y a los que están en tinieblas: *'Manifestaos''* (Isa. 49:9). Pero algunos de los que han oído esas palabras, habiendo sido liberados, habiendo visto la luz del "Sol de justicia" y habiendo gustado las delicias de la libertad, prefieren regresar a su prisión. Desean sentir nuevamente el tirón de las cadenas, y eligen el trabajo extenuante en la mina del pecado. Una escena nada excitante, desde luego. El hombre es capaz de mostrar apego a las cosas más repulsivas, incluida la muerte misma. ¡Qué descripción más vívida de la experiencia humana!

10. Guardáis los días, los meses, los tiempos y los años.

Eso evidenciaba su esclavitud. Más de uno se apresurará a suponer que estaban retornando al 'viejo sábado judío', y que ese sería el tipo de esclavitud contra el que Pablo nos estaría advirtiendo en el pasaje. Pero una suposición tal no hace más que revelar la existencia de un odio totalmente irracional hacia el sábado que el propio Señor dio a los judíos, en común con el resto de personas que pueblan la tierra. Es sorprendente que haya quienes estén ávidos por sacar ventaja de toda oportunidad que juzguen favorable para oponerse a dicho sábado, aún si para hacerlo tienen que cerrar sus ojos al contexto más diáfano e inconfundible. Cualquiera que lea con honestidad la epístola reconocerá que los gálatas no eran judíos. Habían sido convertidos a partir del paganismo. Por lo tanto, previamente a su conversión no habían tenido nada que ver con costumbre alguna de las practicadas por los judíos. Nada tenían en común con ellos. Por lo tanto, cuando retornaron *"a los débiles y pobres rudimentos"* a los que querían esclavizarse de nuevo, es evidente que no estaban volviéndose a las prácticas judías, sino a sus antiguas costumbres paganas.

Pero, ¿acaso no eran judíos, los que procuraban pervertir a los gálatas? -Sí, lo eran. Pero recuerda esto: si apartas a alguien de Cristo, llevándolo a algún substituto de Él, nunca podrás prever dónde va a terminar. No podrás hacer que se detenga en un punto determinado. Si un converso ex-alcohólico pierde su fe en Cristo, retornará a sus hábitos alcohólicos con toda seguridad, incluso aunque el Señor lo hubiera librado ya de esa esclavitud. Así, cuando aquellos "falsos hermanos" -opositores judíos a "la verdad del evangelio" tal cual es en Cristo- lograron seducir a los gálatas apartándolos de Cristo, no pudieron hacer que los gálatas se detuvieran en las ceremonias judías. No; recayeron inevitablemente en sus viejas supersticiones paganas.

Lee de nuevo el versículo 10, y lee Deuteronomio 18:10: *"No haya en ti quien pase a su hijo o a su hija por el fuego, ni quien practique adivinación, astrología, hechicería o magia". Ve ahora lo que el Señor dice a los paganos que pretenden escapar al justo juicio que ha de venir sobre ellos: "Te has fatigado en la multitud de tus consejos. Comparezcan ahora y te defiendan los astrólogos, los contempladores de estrellas, los que cuentan los meses, para pronosticar lo que vendrá sobre ti"* (Isa. 47:13). Vemos ahí que esas cosas a las que los gálatas estaban retornando eran precisamente aquellas que el Señor prohibió a Israel cuando lo sacó de Egipto. ¿Podemos deducir a partir de ahí que Dios estaba advirtiendo a los israelitas a fin de que no guardaran el sábado? No más que en el caso de Pablo y los gálatas. Dios había prohibido a los israelitas todas esas prácticas, coincidiendo con el momento en que les dio el mandamiento relativo a la observancia del sábado. Tanto habían retrocedido los gálatas en sus antiguas prácticas, que Pablo temió que hubiera sido en vano toda su labor en favor de ellos. Estaban abandonando a Dios y volviéndose a los "débiles y pobres rudimentos" mundanos, que ninguna persona reverente puede pensar que hubieran tenido nunca algo que ver con Dios. Estaban sustituyendo a Dios "por lo que no aprovecha" (Jer. 2:11), ya que "las costumbres de los pueblos [paganos, o gentiles] son vanidad" (Jer. 10:3).

11. *Temo por vosotros, que haya trabajado en vano con vosotros.*

Al respecto, no corremos un peligro menor que el de los gálatas. Cualquiera que confía en sí mismo, está rindiendo culto a la obra de sus manos en lugar de a Dios. Lo hace tan ciertamente como el que se postra ante una imagen o escultura. Al hombre le resulta muy fácil confiar en su supuesta sagacidad, en su habilidad para manejar sus asuntos; le resulta fácil olvidar que incluso hasta los pensamientos de los sabios son vanos, y que no hay poder, excepto el de Dios. *"No se alabe el sabio de su sabiduría, ni en su valentía se alabe el valiente, ni el rico se alabe en su riqueza. Mas el que se hubiere de alabar, alábese en esto: en entenderme y conocerme, que Yo soy el Señor, que hago misericordia, juicio y justicia en la tierra; porque en estas cosas me complazco, dice el Señor"* (Jer. 9:23 y 24).

12. *Os ruego, hermanos, que seáis como yo; porque yo soy como vosotros. Ningún agravio me habéis hecho. 13. Vosotros sabéis que en flaqueza de la carne os prediqué el evangelio al principio. 14. Y no desechasteis ni menospreciasteis mi prueba que estaba en mi carne. Antes me recibisteis como a un ángel de Dios, como a Cristo Jesús. 15. ¿Dónde está entonces vuestra bienaventuranza [felicidad]? Porque yo os doy testimonio de que de si hubiese sido posible, os hubierais sacado vuestros ojos para dármelos. 16. ¿Me he hecho, pues, vuestro enemigo, porque os digo la verdad? 17. Ellos tienen celo por vosotros, pero no para bien; sino que quieren apartaros, para que vosotros tengáis celo por ellos. 18. Bueno es ser celoso para el bien siempre, y no solamente cuando estoy presente con vosotros. 19. Hijitos míos, por quienes vuelvo a sufrir dolores de parto, hasta que Cristo sea formado en vosotros, 20. Quisiera estar ahora presente con vosotros, y mudar mi voz, porque estoy perplejo en cuanto a vosotros.*

El apóstol fue enviado por Dios y el Señor Jesucristo, y les trajo un mensaje de Dios, no de los hombres. Se trataba de la obra de Dios. Pablo no era más que el humilde instrumento, la "vasija de barro" que Dios había escogido como medio para llevar su glorioso evangelio de la gracia. Por lo tanto, Pablo no se sintió ofendido cuando su evangelio fue desoído o rechazado. "Ningún agravio me hicisteis", les dijo. No lamentó los esfuerzos que había dedicado a los gálatas en el sentido de haber malgastado su tiempo, sino que temía por ellos. Temía que sus labores hubiesen sido en vano, en lo concerniente al propio interés de esos hermanos.

Aquel que puede decir de corazón: "No a nosotros, oh Señor, no a nosotros, sino a tu nombre da gloria, por tu misericordia, por tu verdad" (Sal. 115:1), nunca se sentirá personalmente ofendido si su mensaje no se recibe. Quien se irrita cuando se desprecia, ignora, o rechaza burlonamente su enseñanza, demuestra, o bien que olvidó que eran las palabras de Dios las que estaba pronunciando, o bien que las ha mezclado o sustituido por palabras de su propia cosecha.

En el pasado, ese orgullo personal ha llevado a persecuciones que han corrompido a la profesa iglesia cristiana. Se han levantado hombres hablando cosas perversas, a fin de atraer discípulos tras de sí. Al ser rechazados sus dichos y modos, se ofendieron y tomaron venganza contra los así llamados "heréticos". La persona devota ha de hacerse continuamente la pregunta: '¿A quién estoy sirviendo?' Si es a Dios, se contentará con entregar el mensaje que Dios le encomendó, dejando la venganza para Dios, a quien pertenece por derecho.

El Padecimiento Físico de Pablo

A partir de declaraciones contenidas en la epístola, podemos inferir ciertos detalles históricos. Habiendo sido detenido en Galacia a causa de un contratiempo en su salud, Pablo predicó el evangelio "con demostración del Espíritu y de poder" (1 Cor. 2:4), de forma que los gálatas vieron a Cristo entre ellos, como crucificado; y aceptándolo, fueron llenos del poder y gozo del Espíritu Santo. Su gozo y bendición en el Señor fueron objeto de público testimonio, y en consecuencia padecieron una persecución considerable. Pero no se jactaban de eso. A pesar de la "débil" apariencia de Pablo (ver 1 Cor. 2:1-5 y 2 Cor. 10:10), lo recibieron como a un mensajero de Dios mismo, en razón de las gozosas nuevas que les trajo. Tan ávidamente apreciaron las riquezas de la gracia que Pablo desplegó ante ellos, que habrían ofrecido gustosamente sus propios ojos, si con ello hubiesen podido solucionar su padecimiento.

Pablo mencionó eso para que los gálatas pudieran ver de dónde habían caído, y para que pudieran apreciar la sinceridad del apóstol. En su día les había comunicado la verdad, y se habían gozado en ella; ¡no era posible que se estuviese convirtiendo ahora en su enemigo, al continuar exponiéndoles esa misma verdad!

Pero esas referencias personales encierran aún más. No podemos suponer que Pablo estuviera ávido de simpatía personal, al recordarles sus aflicciones y lo adverso de las condiciones bajo las que trabajó entre ellos. Ni por un momento perdió de vista el propósito de la epístola, que era mostrarles que "la carne nada aprovecha" (Juan 6:63), y que todo lo que es bueno procede del Espíritu de Dios. Los gálatas habían "empezado por el Espíritu". Pablo debía ser pequeño en estatura y de apariencia física débil. Además, cuando se encontró con ellos por primera vez, estaba aquejado de una dolencia física concreta. Pero a pesar de todo ello, les predicó el evangelio con un poder tal, que todos pudieron percibir junto a él aquella Presencia real, aunque invisible.

El evangelio no proviene del hombre, sino de Dios. No se les dio a conocer por la carne; por lo tanto, en nada estaban en deuda con ella por lo que respecta a las bendiciones recibidas. ¡Qué ceguera! ¡Qué insensatez, el que pretendieran perfeccionar mediante sus esfuerzos aquello que solamente el poder de Dios pudo iniciar! ¿Hemos aprendido ya nosotros esa lección?

¿Dónde está pues vuestra bienaventuranza [felicidad]*?*

Todo el que haya conocido al Señor, sabe que hay gozo y felicidad en aceptarlo. Cabe esperar un rostro radiante y un testimonio gozoso en aquel que se convierte. Así había ocurrido con los gálatas. Pero ahora, esa expresión de agradecimiento había cedido el lugar a los altercados y amargas disputas. El gozo y el calor del primer amor se habían ido extinguiendo gradualmente. Jamás debió suceder tal cosa. *Porque "la senda de los justos es como la luz de la aurora, que va en aumento hasta que el día es perfecto"* (Prov. 4:18). El justo vive por la fe. Cuando se aparta de la fe, o la sustituye por obras, la luz se apaga. Jesús dijo: *"Estas cosas os he hablado, para que mi gozo esté en vosotros, y vuestro gozo sea cumplido* (Juan 15:11). Es imposible que la fuente de la vida se agote. Su caudal nunca disminuye. Por lo tanto, si nuestra luz se debilita y nuestro gozo da paso a una rutina monótona y rígida, podemos tener la seguridad de que hemos dejado el camino de la vida.

> *21. Decidme, los que queréis estar bajo la Ley, ¿no habéis oído la Ley? 22. Porque está escrito que Abrahán tuvo dos hijos; uno de la sierva, el otro de la libre. 23. Pero el de la sierva nació según la carne; mas el de la libre lo fue por la promesa. 24. Lo cual es dicho por alegoría, porque estas mujeres representan los dos pactos. Uno es el pacto del monte Sinaí, lo cual engendra para servidumbre; el cual es Agar. 25. Porque Agar es el monte Sinaí en Arabia, y corresponde a la que ahora es Jerusalén que junto con sus hijos está en esclavitud. 26. Mas la Jerusalén de arriba, que es la madre de todos nosotros, es libre. 27. Porque está escrito: 'Alégrate, estéril, tú que no das a luz. Prorrumpe en júbilo y clama, tú que no tienes dolores de parto, porque más son los hijos de la dejada, que de la que tiene marido.*

Muchos aman caminos que llevan directamente a la muerte, como todos pueden ver -excepto ellos mismos-. Habiendo contemplado con sus propios ojos las consecuencias de su curso de acción, persisten, escogiendo deliberadamente "los deleites temporales del pecado" en lugar de "la justicia de los siglos" y "largura de días". Estar "bajo la ley" de Dios es ser condenado por ella como pecador, encadenado y condenado a muerte. Sin embargo, millones de personas -además de los gálatas- han deseado y desean tal condición. ¡Si solamente prestaran oído a lo que la ley dice! Y no hay razón por la que no lo hubieran de hacer, puesto que la ley se expresa con voz atronadora. "El que tiene oídos, oiga".

Leemos: "Echa fuera a la sierva y a su hijo, porque el hijo de la sierva no será heredero con el hijo de la libre" (Vers. 30). La ley decreta la muerte de todos los que hallan placer en los "débiles y pobres rudimentos" del mundo. *"Maldito todo aquel que no permaneciere en todas las cosas que están escritas en el libro de la ley para hacer"* (Gál. 3:10). El pobre siervo ha de ser echado *"fuera, en las tinieblas. Allí será el lloro y el crujir de dientes"* (Mat. 25:30). *"Viene el día ardiente como un horno. Y todos los soberbios, todos los malhechores serán estopa. Y ese día que está por llegar los abrasará, y no quedará de ellos ni raíz ni rama"*. Por lo tanto, *"acordaos de la ley de Moisés mi siervo, a quien entregué en Horeb ordenanzas y leyes para todo Israel"* (Mal. 4:1, 4). Todos los que están "bajo la ley", llámense judíos o gentiles, cristianos o paganos, están en servidumbre a satanás -o servidumbre a la transgresión de la ley- y serán echados "fuera". *"Todo aquel que hace pecado, esclavo es del pecado. Y el esclavo no queda en casa para siempre, el hijo si permanece para siempre"* (Juan 8:34 y 35). Gracias, pues, a Dios por habernos adoptado como hijos.

Los falsos maestros intentaban persuadir a los hermanos de que si abandonaban su fe sincera en Cristo y confiaban en obras que ellos mismos podían hacer, vendrían a ser hijos de Abrahán, y con ello herederos de las promesas. *"No los que son hijos según la carne son los hijos de Dios, sino los que son hijos de la promesa son contados por simiente"* (Rom. 9:8). De los dos hijos que tuvo Abrahán, uno fue engendrado según la carne, y el otro según la "promesa": fue nacido del Espíritu. *"Por fe también la misma Sara, siendo estéril, recibió fuerza para concebir simiente, y dio a luz aun fuera del tiempo de la edad, porque creyó que era fiel el que lo había prometido"* (Heb. 11:11).

Agar era una sierva egipcia. Los hijos de una mujer sierva eran siempre siervos, aún en el caso de que su padre fuese libre. Por lo tanto, todo cuanto podía engendrar Agar era siervos.

Pero mucho antes de que el niño-siervo Ismael naciera, el Señor había manifestado con claridad a Abrahán que sería su propio hijo libre, nacido de Sara -su esposa libre- quien heredaría la promesa. Tales son las obras del Todopoderoso.

"Representan los dos pactos"

Las dos mujeres, Agar y Sara, representan los dos pactos. Leemos que Agar es el monte Sinaí, "que engendra hijos para esclavitud". De igual forma en que Agar podía engendrar solamente hijos esclavos, la ley -la ley que Dios pronunció en el Sinaí- no puede engendrar hombres libres. No puede hacer otra cosa que no sea mantenerlos en servidumbre, "porque la ley produce ira", "porque por la ley es el conocimiento del pecado" (Rom. 4:15; 3:20). En el Sinaí, el pueblo prometió guardar la ley que les había sido dada. Pero en su propia fuerza carecían del poder para obedecerla. El monte Sinaí engendró "hijos para esclavitud", puesto que su promesa de hacerse justos por sus propias obras no funcionó, ni puede funcionar jamás.

Consideremos la situación: El pueblo estaba en la esclavitud del pecado. No tenían poder para quebrantar aquellas cadenas. Y la proclamación de la ley en nada cambió esa situación. Si alguien está en la cárcel por haber cometido un crimen, no halla liberación por el hecho de que se le lean los estatutos. La lectura de la ley que lo llevó a esa prisión logrará solamente hacer aún más dolorosa su cautividad.

Entonces, ¿no fue Dios mismo quien los llevó a la esclavitud? Ciertamente no, puesto que no los indujo en modo alguno a que hicieran ese pacto en el Sinaí. Cuatrocientos treinta años antes había hecho un pacto con Abrahán, que era perfectamente suficiente en todo respecto. Dicho pacto fue confirmado en Cristo, y por lo tanto, era un pacto que venía "de arriba" (Juan 8:23). Prometía la justicia como un don gratuito de Dios recibido por la fe, e incluía a todas las naciones. Todos los milagros que Dios obró al liberar a los hijos de Israel de la esclavitud egipcia no fueron más que demostraciones de su poder para librarles (y librarnos) de la esclavitud al pecado. Sí, la liberación de Egipto fue, no sólo una demostración del poder de Dios, sino también de su deseo de librarlos de la esclavitud del pecado.

Así, cuando el pueblo acudió al Sinaí, Dios se limitó a referirles lo que había hecho ya en su favor, y les dijo: *"Si obedeciereis mi voz y guardáis mi pacto, vosotros seréis mi especial tesoro sobre todos los pueblos, porque mía es toda la tierra"* (Éx. 19:5). ¿A qué pacto se estaba refiriendo? Evidentemente al pacto que existía ya con anterioridad, a su pacto con Abrahán. Si solamente guardaban el pacto *de Dios*, si guardaban la fe y creían la promesa de Dios, serían su pueblo peculiar. En calidad de dueño de toda la tierra, era capaz de cumplir en beneficio de ellos todo cuanto había prometido.

El hecho de que ellos, en su propia suficiencia, se apresurasen a cargar sobre sí mismos la responsabilidad de hacerlo realidad, no significa que Dios los indujera a hacer ese pacto.

Si los hijos de Israel que habían salido de Egipto hubieran andado en *"los pasos de la fe que tuvo nuestro padre Abrahán"* (Rom. 4:12), jamás se habrían jactado de ser capaces de guardar la ley promulgada en el Sinaí, *"porque no fue por la Ley, como Abrahán y sus descendientes recibieron la promesa de que serían herederos del mundo, sino por la justicia que viene por la fe"* (Rom. 4:13). La fe justifica. La fe hace justo. Si el pueblo de Israel hubiera tenido la fe de Abrahán, hubiera manifestado la justicia de él. En el Sinaí, la ley que fue promulgada "por causa de las transgresiones" habría podido estar en sus *corazones*. Hubiesen podido despertar a su verdadera condición sin necesidad de aquellos terribles truenos. Nunca fue el propósito de Dios -ni lo es ahora- que persona alguna obtenga la justicia mediante la ley que fue promulgada en el Sinaí, y todo lo que rodea al Sinaí así lo demuestra. No obstante, la ley es verdadera, y se la debe observar. Dios liberó al pueblo de Israel *"para que guardaran sus estatutos, y observaran sus leyes"* (Sal. 105:45). No obtenemos la vida guardando los mandamientos, sino que Dios nos da la vida a fin de que podamos guardarlos por la fe en Él.

El Paralelismo Entre Los Dos Pactos

El apóstol dijo en referencia a Agar y Sara: "estas mujeres representan los dos pactos". Hoy existen esos dos pactos. No son cuestión de tiempo, sino de condición. Que nadie se jacte de su imposibilidad de estar bajo el antiguo pacto, confiando en que se pasó el tiempo de éste. Efectivamente, el tiempo pasó, pero sólo en el sentido de que *"suficiente tiempo habéis vivido según la voluntad de los gentiles, andando en desenfrenos, liviandades, embriagueces, glotonerías, disipaciones y abominables idolatrías"* (1 Ped. 4:3).

La diferencia es la misma que encontramos entre una mujer esclava y una que es libre. La descendencia de Agar, por numerosa que fuese, siempre estaría formada por esclavos; mientras que la de Sara lo sería por hijos libres. Por lo tanto, el pacto del Sinaí trae esclavitud "bajo la ley" a todos los que se atienen a él, mientras que el pacto proveniente de lo alto, trae liberación. No trae liberación de la obediencia a la ley, sino liberación de desobedecerla. No es fuera de la ley donde se encuentra la libertad, sino *en* ella. Cristo redime de la maldición, que consiste en la transgresión de la ley, de forma que podamos recibir la bendición. Y la bendición consiste en la obediencia a la ley. *"¡Bienaventurados los perfectos de camino, los que andan en la ley del Señor!"* (Sal. 119:1). *Esa bendición es la libertad. "Andaré en libertad, porque busqué tus Mandamientos"* (Sal. 119:45).

El contraste entre los dos pactos se puede expresar brevemente así: En el pacto concertado en el Sinaí, nosotros nos las tenemos que ver con la ley "a secas", mientras que en el pacto de lo alto, tenemos la ley en Cristo. El primer caso significa para nosotros la muerte, dado que la ley es más cortante que una espada de doble filo, y no somos capaces de manejarla sin consecuencias fatales. Pero en el segundo caso tenemos la ley "por medio de un mediador". En la primera situación se trata de lo que *nosotros* podemos hacer. En la segunda, de lo que puede hacer el *Espíritu de Dios*.

Recuerda que en ningún lugar de la epístola se cuestiona para nada el que la ley haya de ser -o no- obedecida. La única cuestión es: ¿Cómo se logra la obediencia a la ley? ¿Se trata de nuestra propia obra, de forma que la recompensa no será un asunto de gracia, sino de deuda? ¿O bien se tratará de Dios obrando en nosotros, tanto el querer como el hacer por su buena voluntad?

El Contraste Entre Sinaí y Sion

De la misma forma en que hay dos pactos, hay también dos ciudades a las que éstos pertenecen. La Jerusalén "actual" pertenece al viejo pacto, el del monte Sinaí. Nunca será libre, sino que será reemplazada por la Ciudad de Dios -la Nueva Jerusalén- que descenderá del cielo (Apoc. 3:12; 21:1-5). Es la ciudad que Abrahán anheló, *"porque esperaba la ciudad con fundamentos, cuyo arquitecto y constructor es Dios"* (Heb. 11:10; Apoc. 21:14, 19 y 20).

Hay muchos que cifran grandes esperanzas -todas sus esperanzas- en la Jerusalén actual. "Hasta el día de hoy, cuando leen el antiguo pacto, les queda el mismo velo no descubierto, el cual por Cristo es quitado" (2 Cor. 3:14). En realidad, están esperando la salvación a partir del monte Sinaí y del antiguo pacto. Pero no es allí donde se la encuentra, *"porque no os habéis acercado al monte que se podía tocar, que ardía con fuego, y al turbión, y a la oscuridad, y a la tempestad, y al sonido de la trompeta, y a la voz que les hablaba... sino que os habéis acercado al monte Sión, a la ciudad del Dios vivo, la Jerusalén celestial,... a Jesús, el mediador del nuevo pacto, y a la sangre rociada que habla mejor que la de Abel"* (Heb. 12:18-24). El que espera las bendiciones a partir de la Jerusalén actual, está dependiendo del viejo pacto y del monte Sinaí para esclavitud. Pero quien adora dirigiéndose a la Nueva Jerusalén, esperando las bendiciones sólo de ella, se aferra al nuevo pacto, al monte de Sión y a la libertad, puesto que "la Jerusalén de arriba... es libre". ¿De qué es libre? Del pecado; y puesto que "es la madre de todos nosotros", nos engendra de nuevo, de forma que también nosotros somos liberados del pecado. ¿Libres de la ley? Sí; ciertamente, puesto que la ley no condena a quienes están en Cristo.

Pero no permitas que nadie te seduzca con palabras vanas, asegurándote que puedes ahora pisotear esa ley que Dios mismo proclamó con tal majestad, desde el monte Sinaí. Allegándonos al monte de Sión, a Jesús, el mediador del nuevo pacto, a la sangre de la aspersión, somos liberados del pecado, de la transgresión de la ley. En "Sión", la base del trono de Dios es su ley. De su trono proceden los mismos relámpagos, truenos y voces (Apoc. 4:5; 11:19) que procedieron del Sinaí, puesto que allí está la misma ley. Pero se trata del *"trono de la gracia"* (Heb. 4:16), por lo tanto, a pesar de los truenos, nos podemos acercar a Él con la segura confianza de hallar misericordia y gracia en Dios. Encontraremos también gracia para el oportuno socorro en la hora de la tentación a pecar, puesto que de en medio del trono, del Cordero *"como inmolado"* (Apoc. 5:6) fluye el río de aguas de vida que nos trae, procedente del corazón de Cristo, "la ley del Espíritu que da vida" (Rom. 8:2). Bebemos de él, nos sumergimos en él y resultamos limpios de todo pecado.

¿Por qué no llevó el Señor al pueblo directamente al monte de Sión, donde habrían encontrado la ley como vida, en lugar de llevarlos al monte Sinaí, donde la ley significó solamente muerte?

Es una pregunta muy lógica, y lógica es también su respuesta: Fue por su incredulidad. Cuando Dios sacó a Israel de Egipto su propósito era llevarlos al monte de Sión tan directamente como ellos pudiesen ir. Tras haber cruzado el Mar Rojo entonaron un cántico inspirado, uno de cuyos fragmentos decía: *"Condujiste en tu misericordia a este pueblo que rescataste. Lo llevaste con tu poder a tu santa morada". "Tú los introducirás y los plantarás en el monte de tu heredad, en el lugar de tu habitación que tú has preparado, oh Señor, en el santuario que afirmaron tus manos"* (Éx. 15:13, 17).

Si hubiesen continuado cantando, habrían llegado muy pronto al monte de Sión, puesto que *"los redimidos del Señor, volverán y vendrán a Sión con cantando, y gozo perpetuo habrá sobre sus cabezas. Y tendrán gozo y alegría, y la tristeza y el dolor huirán"* (Isa. 35:10). El cruce del Mar Rojo así lo atestiguaba (Isa. 51:10 y 11). Pero pronto olvidaron al Señor, y en su incredulidad se entregaron a la murmuración. Por consiguiente *"fue dada* [la ley] *por causa de las transgresiones"* (Gál. 3:19). Fueron ellos -su incredulidad pecaminosa- quienes hicieron necesario ir al monte Sinaí, en lugar de ir al de Sión.

No obstante, Dios no los privó del testimonio de su fidelidad. En el Sinaí la ley estuvo en la mano del mismo Mediador –Jesús– al que nos dirigimos cuando vamos a Sión. Desde la peña en Horeb (o Sinaí) brotó el manantial de aguas vivas a partir del corazón de Cristo, "y la Roca era Cristo" (Éx. 17:6; 1 Cor. 10:4). Tenían ante ellos la realidad del monte Sión. Todo aquel cuyo corazón se volviese allí hacia el Señor, contemplaría su gloria sin velo tal como lo hizo Moisés, y siendo transformado por ella encontraría el "ministerio que trae justificación", en lugar del "ministerio de condenación" (2 Cor. 3:9). "Su amor es para siempre", e incluso desde las mismas amenazantes nubes de ira de las que procedieron aquellos rayos y truenos, brilla el glorioso rostro del Sol de Justicia conformando el arco iris de la promesa.

28. Así que, hermanos, nosotros como Isaac, somos hijos de la promesa. 29. Pero como entonces, el que nació según la carne, perseguía al que había nacido según el Espíritu, así es también ahora. 30. Mas ¿qué dice la Escritura? "Echa fuera a la esclava y a su hijo, porque el hijo de la sierva no será heredero con el hijo de la libre". 31. Así que, hermanos, no somos hijos de la sierva, sino de la libre.

¡Palabras de ánimo para toda alma! Eres un pecador. En el mejor caso procuras ser cristiano, y las palabras "Echa fuera a la esclava" te hacen temblar. Comprendes que eres esclavo, que el pecado te tiene prisionero, y que te atan las ligaduras de los malos hábitos. Has de aprender a no tener miedo cuando habla el Señor, puesto que proclama paz, ¡aunque lo haga con voz atronadora! Cuanto más sobrecogedora su voz, más paz puedes estar seguro de obtener. ¡Cobra ánimo!

El hijo de la esclava es la carne y sus obras. *"La carne y la sangre no pueden heredar el reino de Dios"* (1 Cor. 15:50). Pero Dios dice: *"Echa fuera a la esclava y a su hijo"*. Si deseas que su voluntad sea cumplida en ti, tal como se cumple en el cielo, Él hará lo necesario para que te sean quitadas la carne y sus obras. Tu vida *"será librada de la esclavitud de la corrupción, para participar de la gloriosa libertad de los hijos de Dios"* (Rom. 8:21). Ese mandato que tanto te atemorizó no es más que la voz que ordena al mal espíritu que salga de ti, para no volver nunca más. Te proclama la victoria sobre todo pecado. Recibe a Cristo por la fe, y tienes la potestad de ser hecho hijo de Dios, heredero del reino imperecedero que permanece por siempre con sus habitantes.

"Manteneos, Pues, Firmes"

¿Dónde nos hemos de mantener? En la libertad de Cristo mismo, cuyo deleite estuvo en la ley del Señor, puesto que la tenía en su corazón (Sal. 40:8). *"Mediante Cristo Jesús, la ley del Espíritu que da vida, me ha librado de la ley del pecado y de la muerte"* (Rom. 8:2). Nos mantenemos solamente por la fe.

En esa libertad no hay vestigio alguno de esclavitud. Es una libertad perfecta. Es libertad del alma, libertad de pensamiento tanto como libertad de acción. No consiste simplemente en que se nos dé la capacidad para obedecer la ley, sino que se nos proporciona también la mente que halla su deleite en cumplirla. No se trata de que observamos la ley porque no encontramos otra manera de escapar al castigo: eso sería la más amarga de las esclavitudes, precisamente la esclavitud de la que nos libra el pacto de Dios.

La promesa de Dios, aceptada por la fe, pone en nosotros la mente del Espíritu, de manera que encontramos el mayor placer en la obediencia a todos los preceptos de la Palabra de Dios. El alma experimenta esa libertad que poseen las aves en su planear sobre las cumbres montañosas. Es la gloriosa libertad de los hijos de Dios, que gozan de la plenitud de la anchura, profundidad y altura del vasto universo de Dios. Es la libertad de aquellos que no necesitan ser vigilados, sino que son dignos de confianza en toda situación, puesto que cada paso que dan no es más que la acción de la santa ley de Dios. ¿Por qué habrías de conformarte con la esclavitud, cuando es tuya esa libertad que no conoce límites? Las puertas de la prisión están abiertas de par en par. Camina en la libertad de Dios.

> Del mundo oscuro ya salí:
> de Cristo soy y mío es Él;
> su senda con placer seguí,
> resuelto a serle siempre fiel.
> ¡Soy feliz! ¡Soy feliz!
> y en su favor me gozaré.
> En libertad y luz me vi
> cuando triunfó en mí la fe,
> y el raudal carmesí,
> salud de mi alma enferma fue.
>
> (Himno 330)

Capítulo 5
El Espíritu hace Fácil la Salvación

1. Estad, pues, firmes en la libertad con que Cristo nos hizo libres, y no os sujetéis de nuevo al yugo de esclavitud.

La relación entre el capítulo cuarto y el quinto es tan estrecha, que cuesta imaginar qué razón pudo llevar a dividir el texto en ese punto.

La Libertad Que Da Cristo

Cuando Cristo fue manifestado en carne, su obra consistió en *"publicar libertad a los cautivos, y a los presos abertura de la cárcel"* (Isa. 61:1). Los milagros que realizó fueron ilustraciones prácticas de su obra, y bien podemos ahora considerar uno de los más llamativos.

"Y enseñaba en una sinagoga en sábado. Y he aquí, una mujer que tenía un espíritu de enfermedad desde hacía dieciocho años, y andaba encorvada sin poder enderezarse. Y cuando Jesús la vio, la llamó, y le dijo: 'Mujer, eres libre de tu enfermedad'. Y puso sus manos sobre ella, y al instante se enderezó, y glorificaba a Dios" (Luc. 13:10-13).

Cuando el hipócrita dirigente de la sinagoga se quejó porque Jesús había hecho ese milagro en sábado, Él le recordó cómo cada uno dejaba libre a su buey o su asno en sábado para que pudieran beber, y añadió entonces:

"Y a esta hija de Abrahán, que hacía dieciocho años que Satanás la tenía atada, ¿no debía ser desatada de esta ligadura en día de sábado?" (vers. 16).

Hay dos aspectos dignos de mención: Satanás tenía atada a la mujer, y ésta tenía "una enfermedad por causa de un espíritu" que la incapacitaba.

Observa qué descripción tan apropiada de nuestra condición, antes de encontrar a Cristo:

(1) Somos cautivos de Satanás, estamos *"cautivos a voluntad de él"* (2 Tim. 2:26). *"Todo el que comete pecado, es esclavo del pecado"* (Juan 8:34), y *"el que practica el pecado es del diablo"* (1 Juan 3:8). *"Prenderán al impío sus propias iniquidades, y retenido será con las cuerdas de su pecado"* (Prov. 5:22). El pecado es la cadena con la que Satanás nos ata.

(2) Estamos enfermos "por causa de un espíritu", y no poseemos de ninguna manera la fuerza para enderezarnos, ni para liberarnos por nosotros mismos de las cadenas que nos atan. Es "cuando aún

éramos débiles" que Cristo murió por nosotros (Rom. 5:6). El término que se traduce "débiles" en Romanos 5:6 es el mismo que en el relato de Lucas se traduce por "enfermedad". La mujer estaba enferma o debilitada, y esa es también nuestra condición.

¿Qué hace Jesús por nosotros? Toma la debilidad, y nos da a cambio su fortaleza. *"Porque no tenemos un Sumo Sacerdote que no pueda compadecerse de nuestras debilidades"* (Heb. 4:15). *"Él mismo tomó nuestras enfermedades y llevó nuestras dolencias"* (Mat. 8:17). Él se hizo todo lo que nosotros somos, a fin de que podamos ser hechos todo lo que Él es. Nació *"bajo la Ley, para redimir a los que estaban bajo la ley"* (Gál. 4:4 y 5). Nos liberó de la maldición, haciéndose maldición por nosotros, a fin de que pudiésemos recibir la bendición. No habiendo conocido pecado, fue hecho pecado por nosotros, *"para que nosotros seamos hechos justicia de Dios en Él"* (2 Cor. 5:21).

¿Para qué libró Jesús a esa mujer de su enfermedad? Para hacerla caminar en libertad. No fue ciertamente para que continuase haciendo -por su propia y libre voluntad- las mismas cosas que anteriormente tenía que hacer por obligación cuando estaba en su estado de penosa esclavitud. ¿Con qué finalidad nos libra del pecado? A fin de que podamos *vivir* libres de pecado. Debido a la debilidad de nuestra carne somos incapaces de obrar la justicia de la ley. Por lo tanto, Cristo, que vino en la carne, y que tiene poder sobre la carne, nos fortalece. Nos proporciona su poderoso Espíritu a fin de que la justicia de la ley pueda cumplirse en nosotros. En Cristo no andamos en la carne, sino en el Espíritu. No podemos saber la forma en que lo hace. Sólo Él lo sabe, puesto que Él es quien posee el poder. Pero nosotros podemos conocer su realidad.

Cuando estaba aún encadenada y sin fuerzas para enderezarse, Jesús dijo a la enferma: "Mujer, quedas libre de tu enfermedad". Es un tiempo verbal presente. Eso es lo que nos dice a nosotros. Proclama libertad a todo cautivo.

La mujer "andaba encorvada sin poder enderezarse", sin embargo, se enderezó al instante ante la palabra de Cristo. Hizo lo que "no podía" hacer. *"Lo que es imposible para los hombres, es posible para Dios"* (Luc. 18:27). *"El Señor sostiene a todos los que caen, y levanta a todos los oprimidos"* (Sal. 145:14). No es que la fe produzca los hechos, sino que se aferra de ellos. No hay ni siquiera una sola alma encorvada bajo el peso del pecado con el que Satanás la haya encadenado, que Cristo no sostenga y enderece. La libertad le pertenece. Simplemente, tiene que *hacer uso* de ella. Que el mensaje resuene por doquier. Que toda alma sepa que Cristo ha dado libertad a los cautivos. La buena nueva llenará de gozo a millares.

Cristo vino a restaurar lo que se había perdido. Nos redime de la maldición. Nos ha redimido. Por lo tanto, la libertad con que nos hace libres es aquella que existía antes de que viniese la maldición. Al hombre se le dio señorío sobre la tierra. No meramente al primer hombre creado, sino a toda la humanidad. "El día que Dios creó al hombre, lo hizo a semejanza de Dios. Los creó hombre y mujer. El día en que fueron creados, los bendijo y los llamó 'Adán'", que significa género humano (Gén. 5:1 y 2). *"Y dijo Dios: '¡Hagamos al hombre a nuestra imagen, conforme a nuestra semejanza! ¡Y domine sobre los peces del mar, sobre las aves del cielo, sobre el ganado y sobre todo animal que se arrastra sobre la tierra!' Y creó Dios al hombre a su imagen, a imagen de Dios lo creó. Hombre y mujer los creó. Y los bendijo Dios. Les dijo: 'Fructificad y multiplicaos. Llenad la tierra y gobernadla. Dominad sobre los peces del mar, las aves del cielo, y todas las bestias que se mueven sobre la tierra'"* (Gén. 1:26-28). Vemos que se dio el dominio a todo ser humano, varón o hembra.

Cuando Dios hizo al hombre, *"le sujeto todas las cosas"* (Heb. 2:8). Es cierto que ahora no vemos que todas las cosas estén sometidas al hombre, *"pero vemos a Aquel que fue hecho un poco menor que los ángeles, a Jesús, coronado de gloria y de honra, a causa del padecimiento de la muerte, para que por la gracia de Dios experimentase la muerte en provecho de todos"* (vers. 9). Jesús redime a todo hombre de la maldición del dominio perdido. Una corona implica un reino, y la corona de Cristo es la misma que se dio al hombre, cuando Dios le encomendó señorear sobre la obra de sus manos. Como hombre, estando en la carne, tras haber resucitado y estando a punto de ascender, Cristo declaró: *"Toda potestad me ha sido dada en el cielo y en la tierra. Por tanto, id"* (Mat. 28:18 y 19). En Él nos es dado todo el poder que se perdió por el pecado.

Cristo -como hombre- gustó la muerte por nosotros, y mediante la cruz nos redimió de la maldición. Si estamos crucificados con Él, estamos igualmente resucitados y sentados con Él en los lugares celestiales, con todas las cosas bajo nuestros pies. Si no sabemos esto, es porque no hemos permitido al Espíritu que nos lo revele. Los ojos de nuestro corazón tienen que ser iluminados por el Espíritu, *"para que sepáis cual es la esperanza a que fuisteis llamados, y cuales las riquezas de su gloriosa herencia en los santos"* (Efe. 1:18).

La exhortación a quienes han muerto y resucitado con Cristo, es: *"No reine, pues, el pecado en vuestro cuerpo mortal, para que le obedezcáis a sus malos deseos"* (Rom. 6:12). En Cristo tenemos autoridad sobre el pecado, de manera que no tenga ningún dominio sobre nosotros.

Cuando nos lavó *"de nuestros pecados con su sangre"*, *"nos hizo reyes y sacerdotes para Dios, su Padre"* (Apoc. 1:5 y 6). ¡Glorioso dominio! ¡Gloriosa libertad! ¡Liberación del poder de la maldición, incluso estando rodeados de ella! ¡Liberación del presente siglo malo, de la concupiscencia de la carne, de la concupiscencia de los ojos, y de la soberbia de la vida! Ni el *"príncipe de la potestad del aire"* (Efe. 2:2), ni los "gobernadores de de tinieblas de este mundo" (6:12) pueden tener dominio alguno sobre nosotros. Se trata de la libertad y autoridad que tuvo Cristo cuando ordenó: *"Vete, Satanás"* (Mat. 4:10), y el diablo le dejó inmediatamente.

Es una libertad tal, que nada en el cielo ni en la tierra nos puede obligar a proceder en contra de nuestra elección. Dios nunca nos obligará, pues es quien nos da la libertad. Y ningún otro fuera de Él puede obligarnos. Se trata de un poder sobre los elementos, de manera que sean puestos a nuestro servicio, en lugar de resultar controlados por ellos. Aprenderemos a reconocer a Cristo y a su cruz en todo lugar, de manera que la maldición carezca de poder para nosotros. Nuestra salud *"se dejará ver pronto"* (Isa. 58:8), puesto que la vida de Cristo se manifestará en nuestra carne mortal. Es una libertad gloriosa como ninguna lengua ni pluma pueden describir.

"Estad, Pues, firmes"

"Por la palabra de Jehová fueron hechos los cielos, y todo el ejército de ellos por el aliento de su boca", *"Él dijo, y fue hecho; Él mandó, y existió"* (Sal. 33:6, 9). La misma palabra que creó el firmamento estrellado, nos habla así: "Estad, pues, firmes". No es una orden que nos deje en el mismo estado de impotencia anterior, sino que lleva en ella misma el cumplimiento del hecho. Los cielos no se crearon a sí mismos, sino que fueron traídos a la existencia por la palabra del Señor. Permitámosles, pues, ser nuestros instructores. *"Levantad en alto vuestros ojos, y mirad. ¿Quién creó estas cosas? Aquel que saca su ejército de estrellas, llama a cada una por nombre. Tan grande es su poder y su fuerza"* (Isa.

40:26). "Él da vigor al cansado, y multiplica las fuerzas al que no tiene ninguna" (Isa. 40:29).

2. *He aquí, yo Pablo os digo que si os circuncidáis, de nada os aprovechará Cristo.*

Es preciso comprender que esto encierra mucho más que el simple rito de la circuncisión. El Señor ha hecho que esta epístola, que tanto habla de la circuncisión, sea preservada para nuestro beneficio, pues contiene el mensaje del evangelio para todo tiempo, aunque la circuncisión como rito no es en nuestros días un asunto de debate o polémica.

La cuestión es cómo obtener la justicia –la salvación del pecado– y la herencia que ésta conlleva. El hecho es que puede obtenérsela solamente por la fe, recibiendo a Cristo en el corazón y permitiéndole vivir su vida en nosotros. Abrahán tenía esa justicia de Dios por la fe de Jesucristo, y Dios le dio la circuncisión como señal de ello. Tenía para Abrahán un significado muy especial, recordándole constantemente su derrota cuando intentó cumplir la promesa de Dios por medio de la carne. El registro del hecho tiene para nosotros idéntico propósito. Muestra que *"la carne para nada aprovecha"*, y que por lo tanto, no hay que depender de ella. No es que el estar circuncidado impidiera necesariamente que Cristo fuera de provecho, pues Pablo mismo lo estaba, y en cierto momento consideró oportuno que Timoteo se circuncidara (Hech. 16:1-3). Pero Pablo no le daba valor alguno a su circuncisión, ni a ninguna otra señal exterior (Fil. 3:4-7), y cuando se le propuso la circuncisión de Tito como condición necesaria para la salvación, no consintió (Gál. 2:3-5).

Lo que había de ser sólo *señal* indicativa de una realidad preexistente, fue considerado por las generaciones subsecuentes como el *medio* para establecer esa realidad. Por lo tanto, <u>la circuncisión se erige en esta epístola como el símbolo de toda clase de "obra" que el hombre pueda hacer, esperando obtener así la justicia.</u> Son "las obras de la carne", puestas en contraste con el Espíritu.

Queda establecida esta verdad: si una persona hace algo con la esperanza de ser salvo por ello, es decir, de obtener la salvación por su propia obra, "de nada [le] aprovechará Cristo". Si no se acepta a Cristo como a un Redentor pleno, no se lo acepta en absoluto. Es decir, o se acepta a Cristo tal cual es, o se lo rechaza. Cristo no puede ser otro distinto del que es. No está dividido, y no comparte con ninguna otra persona o cosa el honor de ser Salvador. Por lo tanto es fácil ver que si alguien se circuncidara con la intención de ser salvo de ese modo, estaría manifestando ausencia de fe en Cristo como el pleno y único Salvador del hombre.

Dios dio la circuncisión como una *señal* de la fe en Cristo. Los judíos la pervirtieron convirtiéndola en un *sustituto* de la fe. Cuando un judío se gloriaba en su circuncisión, se estaba gloriando de su propia justicia. Así lo muestra el versículo cuatro: "Los que procuráis justificaros por la ley, os habéis desligado de Cristo; de la gracia habéis caído". Pablo no estaba de modo alguno despreciando la ley, sino la capacidad del hombre para obedecerla. Tan santa y gloriosa es la ley, y tan grandes sus requerimientos, que ningún hombre puede alcanzar la perfección de la misma. Solamente en Cristo se hace nuestra la justicia de la ley. La verdadera circuncisión es adorar a Dios en Espíritu, gozarse en Jesucristo y no poner la confianza en la carne (Fil. 3:3).

3. Y otra vez declaro a todo hombre que se circuncidare, que está obligado a guardar toda la ley. 4. Los que procuráis justificaros por la ley, os habéis desligado de Cristo; de la gracia habéis caído.

'¡Allí está!', exclamará alguno, 'eso demuestra que la ley es algo a evitar, puesto que Pablo dice que los que se circuncidan están obligados a cumplir toda la ley, al mismo tiempo que amonesta a que nadie se circuncide'.

No tan deprisa, amigo. Veamos más detenidamente el texto. Observa lo que dice Pablo en el original griego (vers. 3): "*deudor es* a hacer toda la ley". Puedes ver que lo malo no es la ley, ni cumplir la ley, sino *estar en deuda* con la ley. Es importante apreciar la diferencia. Tener comida y vestido es bueno. Endeudarse para poder tener comida y vestido, es muy triste. Y más triste aún es tener la deuda, además de carecer de lo necesario para comer y vestir.

Un deudor es aquel que debe algo. El que está en deuda con la ley, lo que adeuda es la justicia que la ley demanda. Por lo tanto, todo el que está en deuda con la ley, está bajo su maldición, "*porque escrito está: 'Maldito todo el que no permanece en todo lo que está escrito en el libro de la Ley'*" (Gál. 3:10). Por lo tanto, procurar obtener justicia de cualquier otra forma que no sea por la fe en Cristo significa caer bajo la maldición de la deuda eterna. Está endeudado por la eternidad, puesto que no tiene nada con qué pagar. Sin embargo, el hecho de que sea deudor a la ley – *"deudor es a hacer toda la ley"*– demuestra que debería cumplirla en su totalidad. *¿Cómo?*: *"Esta es la obra de Dios, que creáis en el que Dios ha enviado"* (Juan 6:29). <u>Ha de dejar de confiar en sí mismo y recibir a Cristo en su carne, y entonces la justicia de la ley se cumplirá en Él</u>, pues no andará conforme a la carne, sino al Espíritu.

5. Mas nosotros por el Espíritu aguardamos la esperanza de la justicia que viene por la fe.

Lee varias veces ese texto, y hazlo con detenimiento. No olvides lo que ya hemos estudiado a propósito de la promesa del Espíritu. En caso contrario te arriesgas a equivocar su significado.

No vayas a suponer que el texto significa que, teniendo el Espíritu, hemos de *esperar* para obtener la justicia. No dice tal cosa. El Espíritu *trae* la justicia. *"El espíritu vive a causa de la justicia"* (Rom. 8:10). *"Y cuando Él venga, redargüirá al mundo de pecado, de justicia y de juicio"* (Juan 16:8). Todo el que recibe el Espíritu, tiene convicción de pecado, y de la justicia de la que el Espíritu le hace ver que carece y que solamente Él puede traerle.

¿Cuál es la justicia que trae el Espíritu? Es la justicia de la ley (Rom. 8:4). *"Porque sabemos que la ley es espiritual"* (Rom. 7:14).

¿Qué hay pues, sobre "la esperanza de la justicia" que aguardamos por el Espíritu? Observa que no dice que mediante el Espíritu aguardemos la justicia. Lo que dice es que "aguardamos *la esperanza* de la justicia que viene por la fe", es decir, aguardamos la esperanza que da el poseer esa justicia. Refresquemos brevemente la memoria al respecto:

(1) El Espíritu de Dios es "el Espíritu Santo de la promesa". La posesión del Espíritu es la prenda o garantía de la promesa de Dios.

(2) Lo que Dios nos ha prometido, como hijos de Abrahán, es una herencia. El Espíritu Santo es las arras (o prenda) de esa herencia hasta tanto que la posesión adquirida resulte redimida y nos sea entregada (Efe. 1:13 y 14).

(3) Esa herencia prometida consiste en nuevos cielos y nueva tierra, en los cuales mora la justicia (2 Ped. 3:13).

(4) El Espíritu trae la justicia. Es el representante de Cristo, la forma en la que Cristo mismo -quien es nuestra justicia- viene a morar en nuestros corazones (Juan 14:16-18).

(5) Por lo tanto, <u>la esperanza que trae el Espíritu es la esperanza de una herencia en el reino de Dios</u>, en la tierra nueva.

(6) La justicia que trae el Espíritu es la justicia de la ley de Dios (Rom. 8:4; 7:14). El Espíritu no la escribe en tablas de piedra, sino en nuestros corazones (2 Cor. 3:3).

(7) Resumiendo, podemos decir que si en lugar de creernos tan suficientes como para poder obedecer la ley, permitimos que el Espíritu haga morada en nuestro corazón y nos llene así de la justicia de la ley, tendremos la esperanza viva en nuestro interior. La esperanza del Espíritu -la esperanza de la justicia por la fe- no contiene elemento alguno de incertidumbre. Es algo positivamente seguro. En ninguna otra cosa hay esperanza. <u>Quien no posee</u> *"la justicia que viene de Dios por la fe"* (Fil. 3:9; Rom. 3:23) <u>está privado de toda esperanza</u>. Sólo Cristo en nosotros es "la esperanza de gloria" (Col. 1:27).

6. Porque en Jesucristo ni la circuncisión vale algo, ni la incircuncisión, sino la fe que obra por el amor.

La palabra traducida aquí como "vale", es la misma traducida por "podrán", "podido" o "pudieron", en Lucas 13:24, Hechos 15:10 y 6:10, respectivamente. En Filipenses 4:13, la misma palabra se traduce: *"Todo lo puedo en Cristo..."* Por lo tanto, cabe entender así el texto: 'La circuncisión no puede obrar nada, ni tampoco la incircuncisión. Solamente la fe -obrando por el amor- puede hacerlo'. Y esa fe que obra por el amor se encuentra únicamente en Jesús.

Pero <u>¿qué es lo que no puede cumplir la circuncisión ni la incircuncisión?</u> Ni más ni menos que la ley de Dios. No está al alcance de ningún hombre, sea cual sea su estado o condición. El incircunciso carece de poder para guardar la ley, y la circuncisión en nada puede ayudarle a hacerlo. Uno puede jactarse de su circuncisión, y otro de su incircuncisión, pero ambos se jactan en vano. Por el principio de la fe, la jactancia *"queda eliminada"* (Rom. 3:27). Puesto que solamente la fe de Jesús puede cumplir la justicia de la ley, no hay ninguna posibilidad para que podamos jactarnos por lo que hemos "hecho". Cristo es el todo en todos.

7. Vosotros corríais bien. ¿Quién os estorbó para no obedecer la verdad? 8. Esta persuasión no viene de Aquel que os llama. 9. Un poco de levadura leuda toda la masa. 10. Yo confío de vosotros en el Señor que no pensaréis de otro modo. El que os perturba llevará el juicio, quienquiera que sea. 11. Y yo, hermanos, si aún predico la circuncisión, ¿por qué padezco persecución todavía? Entonces ha cesado el escándalo de la cruz. 12. ¡Ojalá fuesen también cortados los que os perturban!

La ley de Dios es la verdad (Sal. 119:142), y los hermanos de Galacia habían comenzado a obedecerla. Al principio con éxito, pero posteriormente se habían detenido en su progreso. *"¿Por qué? Porque no la seguían por la fe, sino por las obras. Por eso tropezaron en la piedra de tropiezo"* (Rom. 9:32). Cristo es el camino, la verdad y la vida, y en Él no hay tropiezo. En Él se encuentra la perfección de la ley, puesto que su vida es la ley.

La cruz es, y ha sido siempre, un símbolo de la desgracia. Ser crucificado era ser sometido a la muerte más ignominiosa de cuantas se conocían. El apóstol afirmó que si hubiese estado predicando la circuncisión -es decir, la justicia por las obras- se habría eliminado *"el escándalo de la cruz"* (Gál. 5:11). El escándalo de la cruz consiste en que la cruz es una confesión de la debilidad y pecado del hombre, y de su absoluta incapacidad para obrar el bien. Tomar la cruz de Cristo significa depender solamente de Él para todas las cosas, lo que conlleva el abatimiento de todo el orgullo humano. Al hombre le gusta creerse independiente y autónomo. Pero predíquese la cruz, hágase manifiesto que en el hombre no mora el bien y que todo ha de ser recibido como un don, y enseguida habrá alguien que se sienta ofendido.

13. Porque vosotros, hermanos, a libertad habéis sido llamados; solamente que no uséis la libertad para satisfacer la carne, sino servíos con amor los unos a los otros. 14. Porque toda ley se cumple en este solo precepto: "Amarás a tu prójimo como a ti mismo".

Los dos capítulos precedentes se refieren a la esclavitud, al encarcelamiento. Antes de venir la fe estábamos "encerrados" bajo pecado, éramos deudores a la ley. La fe de Cristo nos hace libres, pero al ser puestos en libertad se nos hace esta admonición: *"Vete, y no peques más"* (Juan 8:11). Hemos sido puestos en libertad *del* pecado, no en libertad *de* pecar. ¡Cuántos se confunden en esto!

Muchas personas sinceras imaginan que en Cristo estamos en libertad para ignorar y desafiar la ley, olvidando que la transgresión de la ley es pecado (1 Juan 3:4). Satisfacer la carne es cometer pecado, *"porque la inclinación de la carne es contraria a Dios, y no se sujeta a la ley de Dios, ni tampoco puede"* (Rom. 8:7). El apóstol nos advierte en contra de usar mal la libertad que Cristo nos da, cayendo nuevamente en la esclavitud por la transgresión de la ley. En lugar de ello, deberíamos servir cada uno a su prójimo, pues el amor es el cumplimiento de la ley.

Cristo nos da la libertad del señorío primero. Pero recuerda que Dios dio el dominio al género humano, y que en Cristo todos vienen a ser reyes. Eso significa que el único ser humano sobre el que un cristiano puede tener señorío es sobre sí mismo. El que es grande en el reino de Cristo es el que señorea sobre su propio espíritu.

Como reyes, encontramos nuestros súbditos en los órdenes inferiores de los seres creados, en los elementos y en nuestra propia carne, pero jamás en nuestros semejantes. A estos tenemos que servirles. En nosotros tiene que haber la mente que hubo en Cristo incluso cuando estaba aún en las reales cortes celestiales, "en forma de Dios", y que le llevó a tomar *"forma de siervo"* (Fil. 2:5-7). Así lo demostró también al lavar los pies de los discípulos, en plena conciencia de ser su Señor y Maestro, habiendo venido de Dios y yendo a Dios (Juan 13:3-13). Más aún, cuando todos los santos redimidos se manifiesten en gloria, Cristo mismo *"se ceñirá, y hará que se sienten a la mesa, y vendrá a servirles"* (Luc. 12:37).

La mayor de las libertades se encuentra en el servicio -en el servicio hecho a nuestro prójimo en el nombre de Jesús-. Aquel que rinde el mayor servicio (no el mayor servicio como los hombres lo consideran, sino lo que ellos llamarían lo más bajo), es el mayor. Así lo aprendemos de Jesús, quien es Rey de reyes y Señor de señores, por haberse hecho sirvo de todos, rindiendo un servicio que nadie podría ni querría haber hecho. Los siervos de Dios son todos ellos reyes.

El Amor Es El Cumplimiento De La Ley

El amor no es un sustituto del cumplimiento de la ley, sino que es la perfección de éste. *"El amor no hace mal al prójimo; así el amor es el cumplimiento de la ley"* (Rom. 13:10). *"Si alguno dice: 'Yo amo a Dios', y aborrece a su hermano, es mentiroso. Porque el que no ama a su hermano a quien ve, no puede amar a Dios a quien no ve"* (1 Juan 4:20). Cuando un hombre ama a su prójimo, tiene que ser porque ame a Dios. *"El amor viene de Dios"*, *"porque Dios es amor"* (1 Juan 4:7 y 8). Por lo tanto, el amor es la vida de Dios. Si esa vida está en nosotros y le damos libre curso, la ley estará necesariamente en nosotros, porque la vida de Dios es la ley para toda la creación. "En esto hemos conocido el amor, en que Cristo puso su vida por nosotros. Nosotros también debemos dar nuestra vida por los hermanos" (1 Juan 3:16).

Amor Es Ausencia De Egoísmo

Puesto que amor significa servicio -hacer algo por los demás-, es evidente que el amor no enfoca la atención en uno mismo. Todo cuanto piensa el que ama es cómo puede bendecir a otros. Así leemos: "*El amor es sufrido, es benigno. El amor no siente envidia. El amor no es jactancioso, no se engríe, no es rudo, no busca lo suyo, no se irrita, no guarda rencor*" (1 Cor. 13:4 y 5).

Es precisamente en este punto vital donde muchos se equivocan. Dichosos los que han descubierto su error y han llegado a la comprensión y la práctica del amor verdadero. El amor "no busca lo suyo". Por lo tanto el amor a uno mismo no es amor en absoluto, en el sentido correcto de la palabra. No es más que una vil falsificación. Sin embargo, mucho de lo que en el mundo se llama amor no es en realidad amor a los demás, sino amor a sí.

Hasta incluso la que debería ser la más elevada forma de amor conocida sobre la tierra, el tipo de amor que el Señor empleó para representar su amor por su pueblo, el amor entre esposos, es más frecuentemente egoísmo que verdadero amor. Dejando aparte los matrimonios que se fraguan con el objetivo manifiesto de obtener riqueza o posición en la sociedad, en muchos casos, los aspirantes al matrimonio piensan más en su propia felicidad que en la de su cónyuge. En la proporción en que existe el verdadero amor desinteresado, existe una verdadera felicidad. Esto es una lección que el mundo es lento para aprender; que la auténtica felicidad se encuentra solamente cuando uno deja de ir tras su búsqueda, y se dedica a procurarla para los demás.

El Amor Nunca Deja De Ser

Una vez más nos encontramos ante un indicador de que mucho de lo que se conoce comúnmente como amor, no lo es en realidad. El amor nunca deja de ser. Se trata de una declaración categórica: *nunca*. No hay excepción, y las circunstancias no pueden cambiarlo. Frecuentemente oímos sobre amores que se enfrían, pero eso es algo que nunca puede pasarle al verdadero amor. El amor verdadero es siempre cálido, activo; nada puede congelar sus fuentes. Es invariable e inmutable, por la sencilla razón de que es la vida de Dios. No hay otro amor verdadero fuera del divino, por lo tanto, la única posibilidad de que el verdadero amor se manifieste entre los hombres, es que sea derramado en sus corazones por el Espíritu Santo (Rom. 5:5).

Cuando alguien manifiesta su amor por otro, el receptor suele preguntar: '¿Por qué me amas?' ¡Como si alguien pudiera ofrecer razones para amar! El amor es su propia razón. <u>Si el que ama es capaz de dar una razón de por qué lo hace, demuestra en ello que no ama realmente</u>. Sea lo que sea que esgrima como razón, puede cesar en algún momento con el tiempo, con lo que desaparecerá el supuesto amor. Pero "el amor nunca deja de ser". Por lo tanto, no puede depender de las circunstancias. La única respuesta que cabe dar de por qué se ama, es ésta: por amor. El amor ama, simplemente, porque es amor. Amor es la cualidad de aquel que ama; ama porque tiene amor, independientemente del carácter del objeto amado.

Apreciamos la verdad de lo dicho al acudir a Dios, la Fuente del amor. Él es amor. Su vida es amor. Pero no es posible dar explicación alguna sobre su existencia. La más grande concepción humana del amor consiste en amar porque somos amados, o porque el objeto amado nos inspira amor. Pero Dios ama aquello que es aborrecible. Él ama a quienes le odian. *"Porque nosotros también éramos en otro tiempo, insensatos, rebeldes, extraviados, esclavos de diversas pasiones y placeres, viviendo en malicia y envidia, aborrecibles y aborreciéndonos unos a otros. Pero cuando se manifestó la bondad de Dios nuestro Salvador, y su amor para con los hombres, nos salvó"* (Tito 3:3-5). *"Si amáis a los que os aman, ¿qué recompensa tendréis? ¿No hacen lo mismo los publicanos?... Sed, pues, perfectos, como vuestro Padre celestial es perfecto"* (Mat. 5:46, 48).

"El amor no hace mal al prójimo" (Rom. 13:10). Prójimo significa todo el que está cerca, por lo tanto, el amor se extiende a todo aquel con quien entramos en contacto. Sólo ama el que ama a todos.

Puesto que el amor no hace mal al prójimo, el amor cristiano -que, como hemos visto, es el único amor que hay- no admite guerras y luchas. Cuando los soldados preguntaron a Juan el Bautista qué tenían que hacer como seguidores del Cordero de Dios al que él les dirigía, respondió: "A nadie intimidéis" (Luc. 3:14, N. T. Interl. Griego-Español). ¡En qué pocas guerras podría cumplirse eso! Si un ejército estuviese compuesto de cristianos, de verdaderos seguidores de Cristo, al establecer contacto con el enemigo, en lugar de dispararle, verían en qué podían ayudarle. *"Si tu enemigo tuviera hambre, dale de comer; si tuviera sed, dale de beber. Actuando así, ascuas de fuego amontonas sobre su cabeza. No seas vencido por el mal, sino vence el mal con el bien"* (Rom. 12:20 y 21).

15. Pero si os mordéis y os devoráis los unos a los otros, mirad que no os consumáis los unos a los otros. 16. Digo, pues, andad en el Espíritu, y no satisfagáis los malos deseos de la carne. 17. Porque el deseo de la carne es contra el Espíritu, y el Espíritu contra la carne. Los dos se oponen entre sí, para que no hagáis lo que quisiereis. 18. Mas si sois guiados por el Espíritu, no estáis bajo la ley.

Siguiendo mal consejo y habiendo abandonado la simplicidad de la fe, los gálatas se estaban colocando bajo la maldición, y estaban en peligro de condenarse al fuego eterno. *"La lengua es un fuego, un mundo de maldad. Se halla entre nuestros miembros, y contamina todo el cuerpo, inflama el curso de la naturaleza, y es inflamada por el infierno"* (Sant. 3:6). Ha hecho más estragos la lengua que la espada, pues ésta última no se desenvaina sin que haya detrás una lengua turbulenta. *"Ningún hombre puede domar la lengua"*, pero Dios sí puede. Lo había hecho con los gálatas cuando sus bocas prorrumpían en bendición y alabanza, pero ahora, ¡qué asombroso cambio! Como resultado de la enseñanza que recientemente estaban recibiendo, habían descendido de la bendición a los pleitos. En lugar de edificarse mutuamente, estaban a punto de devorarse.

Cuando hay altercados y disputas en la iglesia podemos estar seguros de que el evangelio está allí tristemente pervertido. Que nadie se jacte de su ortodoxia o de su firmeza en la fe mientras albergue una disposición hacia la disputa, o bien se deje provocar a ella. Los altercados y disensiones son los indicadores de haberse apartado de la fe, si es que se la poseyó alguna vez. *"Habiendo sido justificados por la fe, estamos en paz con Dios, por medio de nuestro Señor Jesucristo"* (Rom. 5:1). No estamos solamente en paz con Dios, sino que tenemos su paz. Por lo tanto, esa nueva "persuasión" que había llevado a la contienda, y a que se devorasen unos a otros con lenguas encendidas en el fuego inicuo, no provenía de Dios, quien los había llamado al evangelio. Un solo paso errado puede terminar en una gran divergencia. Dos líneas de tren pueden al principio parecer paralelas, aunque luego comiencen a divergir insensiblemente hasta llevar finalmente a direcciones opuestas. *"Un poco de levadura leuda toda la masa"*. Un pequeño error, por insignificante que pueda parecer, contiene el germen de toda la maldad. "El que guarda toda la Ley, y ofende en un solo punto, es culpable de todos" (Sant. 2:10). Un solo principio falso acariciado producirá la ruina de toda la vida y carácter. Las zorras pequeñas echan a perder la viña.

19. Y manifiestas son las obras de la carne, que son: adulterio, fornicación, inmundicia, lascivia, 20. idolatría, hechicerías, enemistades, pleitos, celos, iras, contiendas, disensiones, herejías, 21. envidias, homicidios, borracheras, orgías y cosas semejantes a estas. Acerca de las cuales os amonesto, como ya os lo he dicho antes, que los que hacen tales cosas, no heredarán el reino de Dios.

No es una lista agradable de escuchar. ¿No creen? Sin embargo no abarca todo, ya que el apóstol añade: "y cosas semejantes". Algo en lo que vale la pena recapacitar, relacionándolo con la afirmación de que *"los que practican tales cosas no heredarán el reino de Dios"*. Compara esta lista con la dada por el Señor en Marcos 7:21 al 23, de las cosas que proceden del interior del hombre, del corazón; que pertenecen al hombre por naturaleza. Compara ahora ambas listas con la que se da en Romanos 1:28 al 32, que se refiere a los hechos de los paganos que no quisieron reconocer a Dios. Se trata precisamente de las cosas que hacen los que no conocen al Señor.

Examina ahora esas listas de pecados a la luz de la que Pablo presenta en 2ª de Timoteo 3:1 al 5, enumerando esta vez las obras de aquellos que, en los últimos días, tendrán solamente "apariencia de piedad". Es fácil observar que esas cuatro listas son en esencia la misma. Cuando los hombres se desvían de la verdad del evangelio, que es poder de Dios para salvación a todo aquel que cree, caen inevitablemente bajo el poder de esos pecados.

"No Hay Diferencia"

Todos los hombres comparten la misma carne (1 Cor. 15:39), puesto que cada habitante de la tierra es un descendiente de la misma pareja: Adán y Eva. *"El pecado entró en el mundo por un hombre"* (Rom. 5:12), por lo tanto, sea cual sea el pecado que haya en el mundo, es común a toda carne. En el plan de la salvación *"no hay diferencia entre judío y griego; ya que uno mismo es Señor de todos, y es generoso con todos los que lo invocan"* (Rom. 10:12; 3:21-24). Nadie en la tierra puede jactarse ante otro, ni tiene el más mínimo derecho a despreciarlo por su condición pecaminosa y degradada. La comprobación o el conocimiento del vicio despreciable en cualquier otro, lejos de hacernos sentir complacidos por nuestra superior moralidad, debería llenarnos de pesar y vergüenza. No es más que un recordatorio de la realidad de nuestra naturaleza humana. Las obras que se ponen de manifiesto en ese asesino, borracho o libertino, son sencillamente las obras de *nuestra* carne. La carne que la raza humana comparte no contiene otro poder que no sea el de las malas obras antes descritas.

Algunas de las obras de la carne reciben la consideración general de muy malas, o al menos, impresentables; en cambio, a otras se las tiene comúnmente por pecados veniales, cuando no virtudes declaradas. No obstante, recuerda la expresión: "y cosas semejantes", que indica que todas las cosas enumeradas son esencialmente idénticas. La Escritura declara que el odio es asesinato. *"Todo el que aborrece a su hermano es homicida"* (1 Juan 3:15). Además de esto, el enojo es igualmente asesinato, como muestran las palabras del Salvador en Mateo 5:21 y 22. La envidia, que tan común es, contiene igualmente el asesinato. Pero ¿quién considera a la envidia como algo pecaminoso? Lejos de considerarla como extremadamente pecaminosa, nuestra sociedad la fomenta. Pero la Palabra de Dios nos asegura que es algo de la misma clase que el adulterio, fornicación, asesinato y borrachera, y que los que hacen tales cosas no heredarán el reino de Dios. ¿Acaso no es algo terrible?

El amor a uno mismo, el deseo de supremacía, es la fuente de todos los otros pecados que se han mencionado. En él han tenido origen innumerables crímenes. Las abominables obras de la carne acechan allí donde menos se podría sospechar. Se las encuentra allí donde haya carne humana, y se manifiestan de una u otra manera siempre que esa carne no esté crucificada. *"El pecado está a la puerta"* (Gén. 4:7).

El Conflicto Entre La Carne y El Espíritu

La carne no tiene nada en común con el Espíritu de Dios. "Los dos se oponen entre sí"; es decir, actúan con el antagonismo propio de dos enemigos. Cada uno de ellos busca la oportunidad de aplastar al contrario. La carne es corrupción. No puede heredar el reino de Dios, puesto que la corrupción no hereda la incorrupción (1 Cor. 15:50). Es imposible que la carne se convierta. Ha de ser crucificada. "La inclinación de la carne es contraria a Dios, y no se sujeta a la Ley de Dios, ni tampoco puede. Así, los que viven según la carne no pueden agradar a Dios" (Rom. 8:7 y 8).

Aquí está la explicación del retroceso de los gálatas, y del problema que aflige a tantas vidas cristianas. Los gálatas habían comenzado en el Espíritu, pero pensaban alcanzar la perfección por la carne (Gál. 3:3). Algo tan imposible como llegar a las estrellas cavando galerías en el suelo. Así, muchos intentan obrar el bien; pero debido a que no se han rendido decidida y plenamente al Espíritu, no pueden obrar como querrían. El Espíritu contiende con ellos, y obtiene un control relativo. Incluso en ocasiones se rinden plenamente al Espíritu, lo que les lleva a una rica experiencia. Pero entonces afrentan al Espíritu; es la carne quien toma el control, y parecen ser otras personas. A veces se entregan a la mente del Espíritu, y a veces a la de la carne (Rom. 8:6); y así, siendo de doblado ánimo, son inconstantes en todos sus caminos (Sant. 1:8). Se trata de una situación por demás insatisfactoria.

El Espíritu y La Ley

"Pero si sois guiados por el Espíritu, no estáis bajo la ley" (Gál. 5:18). *"Porque sabemos que la ley es espiritual, pero yo soy de carnal, vendido al poder del pecado"* (Rom. 7:14). La carne y el Espíritu son antagonistas; pero contra los frutos del Espíritu, *"no hay ley"* (Gál. 5:22 y 23). Por lo tanto, la ley va contra las obras de la carne. La mente carnal "no se sujeta a la Ley de Dios"; por lo tanto los que están en la carne no pueden agradar a Dios sino que están "bajo la ley". Eso demuestra claramente que estar "bajo la ley" es ser un transgresor de ella. "La ley es espiritual"; por lo tanto los que son guiados por el Espíritu están en plena armonía con la ley, no estando así *bajo* ella.

Vemos una vez más que la controversia no consistió en si había que guardar o no la ley, sino en *cómo* se había de guardar. Los gálatas se estaban dejando arrastrar por la halagadora enseñanza de que tenían el poder para lograrlo por ellos mismos, mientras que el apóstol divinamente asignado mantenía enérgicamente que se la puede guardar sólo mediante el Espíritu. Lo mostró a partir de las Escrituras, de la historia de Abrahán, y también a partir de la propia experiencia de los gálatas. Habían comenzado en el Espíritu, y por tanto tiempo como continuaron en Él, corrían bien. Pero cuando sustituyeron el Espíritu por ellos mismos, inmediatamente comenzaron a manifestar obras contrarias a la ley.

El Espíritu Santo es la vida de Dios; Dios es amor; el amor es el cumplimiento de la ley; la ley es espiritual. Por lo tanto, quien sea espiritual ha de someterse a la justicia de Dios. Se trata de justicia *"testificada por la ley"* (Rom. 3:21) pero obtenida solamente por la fe de Jesucristo. El que es guiado por el Espíritu guardará la ley, no como una condición para recibir el Espíritu sino como un resultado de haberlo recibido.

Conocemos a menudo personas que profesan ser espirituales. Se sienten tan plenamente guiados por el Espíritu, que creen no necesitar guardar la ley. Admiten no guardarla, pero pretenden que es el Espíritu quien les conduce a ello. Por lo tanto –se dicen–, no puede tratarse de pecado aunque esté en oposición con la ley. Los tales cometen el fatal error de sustituir la mente del Espíritu por su propia mente carnal. Confunden la carne con el Espíritu y se colocan en el lugar de Dios. <u>Hablar contra la ley de Dios es hablar contra el Espíritu</u>. Su ceguera es descomunal, y bien pueden orar: "Abre mis ojos, para que pueda ver las maravillas de tu Ley" (Sal. 119:18).

22. *Mas el fruto del Espíritu es amor, gozo, paz, paciencia, benignidad, bondad, fe, 23. mansedumbre, dominio propio. Contra tales cosas no hay ley.*

<u>El primer fruto del Espíritu es el amor, y "el amor es el cumplimiento de la Ley"</u> (Rom. 13:10). Le siguen el gozo y la paz, puesto que *"habiendo sido justificados por la fe, estamos en paz con Dios"*. *"Y no solo esto, sino que también nos alegramos en Dios por el Señor nuestro Jesucristo"* (Rom. 5:1, 11). Cristo recibió la unción del Espíritu Santo (Hech. 10:38) o, como leemos en otro lugar, fue ungido *"con óleo de alegría"* (Heb. 1:9). El servicio a Dios es un servicio gozoso. El reino de Dios es *"justicia, paz y gozo en el Espíritu Santo"* (Rom. 14:17). <u>Aquel que no se goza en la adversidad tal como solía hacer en la prosperidad, es porque todavía no conoce al Señor como debiera</u>. Las palabras de Cristo llevan al gozo completo (Juan 15:11).

El amor, el gozo, la paz, tolerancia, paciencia, amabilidad, bondad, fidelidad, cortesía, dominio propio, brotarán espontáneamente del corazón del verdadero seguidor de Cristo. Nadie puede obtenerlos a la fuerza. No moran en nosotros de forma natural. Ante una situación exasperante, lo que es natural en nosotros es la ira y la irritación, no la amabilidad y resignación. Observa el contraste entre las obras de la carne y el fruto del Espíritu: las primeras vienen de forma natural; sin embargo, para que se produzca el buen fruto, hemos de habernos convertido enteramente en nuevas criaturas: *"El buen hombre, del buen tesoro de su corazón saca lo bueno"* (Luc. 6:45). La bondad no procede de hombre alguno, sino del Espíritu de Cristo al morar permanentemente en el hombre.

24. Pero los que son de Cristo han crucificado la carne con sus pasiones y malos deseos.

"*Nuestro viejo hombre fue crucificado junto con Él, para que el cuerpo del pecado sea destruido, a fin de que no seamos más esclavos del pecado. El que ha muerto queda libre del pecado*" (Rom. 6:6 y 7). "*Con Cristo estoy juntamente crucificado, y ya no vivo yo, mas vive Cristo en mí. Y lo que ahora vivo en la carne, lo vivo por la fe en el Hijo de Dios, quien me amó, y se entregó a sí mismo por mí*" (Gál. 2:20). Esa es la experiencia de todo verdadero hijo de Dios. "*Si alguno está en Cristo, nueva criatura es*" (2 Cor. 5:17). Vive todavía en carne por toda apariencia externa, pero no vive según la carne sino según el Espíritu (Rom. 8:9). Vive en carne una vida que no es carnal, y la carne no tiene poder sobre él. Por lo que respecta a las obras de la carne, está muerto: "*Si Cristo está en vosotros, vuestro cuerpo está muerto a causa del pecado, pero vuestro espíritu vive a causa de la justicia*" (Rom. 8:10).

25. Si vivimos en el Espíritu, andemos también en el Espíritu. 26. No seamos vanagloriosos, irritándonos y envidiándonos unos a otros.

¿Hay aquí alguna duda de que Pablo creía que el cristiano vive en el Espíritu? No hay sombra de duda. Puesto que vivimos en el Espíritu, debemos someternos al Espíritu. Es sólo por el poder del Espíritu -el mismo Espíritu que en el principio se movía sobre la faz del abismo y estableció el orden a partir del caos- como toda persona puede vivir. "*El Espíritu de Dios me hizo, y el aliento del Todopoderoso me dio vida*" (Job. 33:4). El mismo aliento hizo los cielos (Sal. 33:6). El Espíritu de Dios es la vida del universo. Es la eterna presencia de Dios, en el cual "*vivimos, y nos movemos, y existimos*" (Hech. 17:28). Dependemos del Espíritu para la vida; por lo tanto, deberíamos andar en Él y ser guiados por Él. Tal es nuestro "*culto racional*" (Rom. 12:1).

¡Qué maravillosa vida se pone a nuestro alcance! Vivir en carne, como si la carne fuese espíritu. "Hay cuerpo animal, y cuerpo espiritual". "*Pero lo espiritual no es primero, sino lo natural; después lo espiritual*" (1 Cor. 15:44, 46). El cuerpo natural es el que tenemos ahora. El espiritual lo recibirán todos los verdaderos seguidores de Cristo en la resurrección (1 Cor. 15:42-44; 50-53). No obstante, el hombre ha de ser espiritual en esta vida -en el cuerpo natural-; ha de vivir como querrá hacerlo en su futuro cuerpo espiritual. "*Vosotros no vivís según la car-*

ne, sino según el Espíritu, si es que el Espíritu del Señor habita en vosotros" (Rom. 8:9).

"Lo que nace de la carne, es carne; y lo que nace del Espíritu, es espíritu" (Juan 3:6). Por nacimiento natural heredamos todos los males enumerados en este quinto capítulo de Gálatas, "y cosas semejantes". Somos carnales. En nosotros rige la corrupción. Mediante el nuevo nacimiento heredamos la plenitud de Dios, viniendo a ser *"participantes de la naturaleza divina, habiendo huido de la corrupción que hay en el mundo a causa de la concupiscencia"* (2 Ped. 1:4). El *"viejo hombre, viciado por sus deseos engañosos"* (Efe. 4:22), es crucificado *"para que el cuerpo del pecado sea destruido, a fin de que no seamos más esclavos del pecado"* (Rom. 6:6).

Permaneciendo en el Espíritu, andando en el Espíritu, la carne con sus concupiscencias no tiene más poder sobre nosotros del que tendría si estuviésemos realmente muertos y enterrados. Es sólo el Espíritu de Dios quien da vida al cuerpo. El Espíritu emplea la carne como un instrumento de justicia. La carne sigue siendo corruptible, sigue estando llena de malos deseos, siempre dispuesta a rebelarse contra el Espíritu; pero por tanto tiempo como *sometamos la voluntad* a Dios, el Espíritu mantiene la carne a raya. Si vacilamos, si en nuestro corazón nos volvemos a Egipto, o si ponemos la confianza en nosotros mismos, menoscabando así nuestra dependencia del Espíritu, entonces reedificamos aquello que habíamos destruido y nos hacemos transgresores (Gál. 2:18). Pero *no tiene por qué suceder*. Cristo tiene "potestad sobre toda carne" (Juan 17:2), y demostró su poder para vivir una vida espiritual en carne humana.

Se trata del Verbo hecho carne, Dios manifestado en carne, la revelación de *"ese amor que supera a todo conocimiento, para que seáis llenos de toda la plenitud de Dios"* (Efe. 3:19). Estando bajo el control de ese Espíritu de amor y mansedumbre, nunca ambicionaremos la vanagloria, provocándonos unos a otros, envidiando unos a otros. Todo vendrá de Dios, y así se reconocerá, de forma que ninguno tendrá la más mínima disposición a jactarse sobre otro.

El Espíritu de vida en Cristo –la vida de Cristo– se da gratuitamente a todos. *"El que tenga sed y quiera, venga y tome del agua de la vida de balde"* (Apoc. 22:17). *"Porque la vida que estaba con el Padre, se manifestó, y nosotros la vimos, y os anunciamos la vida eterna"* (1 Juan 1:2). *"¡Gracias a Dios por su don inefable!"* (2 Cor. 9:15).

Capítulo 6
La Gloria de la Cruz

Una lectura apresurada podría llevar a la conclusión de que existe una división natural entre los capítulos quinto y sexto, de tal manera que la última parte se refiere a aspectos prácticos de la vida espiritual, mientras que la primera expone doctrinas teóricas. Es un gran error. Nada en la Biblia es mera teoría; todo es acción. No hay en la Biblia nada que no sea profundamente espiritual y práctico. Al mismo tiempo, todo es doctrina. Doctrina significa enseñanza. Lo que conocemos por el "Sermón" del Monte es en realidad pura doctrina, ya que "abriendo su boca les enseñaba, diciendo..." Algunos parecen sentir una especie de desprecio hacia la doctrina. Se refieren a ella con desdén, como si perteneciese al reino de la teología especulativa, puesta en contraste con lo práctico y cotidiano. Los tales deshonran sin saberlo la predicación de Cristo, que fue pura doctrina, puesto que Jesús siempre enseñó a la gente. Toda verdadera doctrina es intensamente práctica; se le da al hombre con el propósito específico de que la ponga en práctica.

La confusión precedente se debe a una elección cuestionable de los términos. Lo que algunos llaman doctrina, y que tachan –con razón– de impráctico, no es en realidad doctrina, sino vulgar sermoneo. No hay en el evangelio ningún lugar para él. Ningún verdadero predicador del evangelio dará jamás *"un sermón"*. Si lo hace, es porque ha decidido por un tiempo hacer alguna cosa distinta a predicar el evangelio. Cristo nunca predicó sermones. Lo que hacía era proporcionar doctrina a su auditorio, darle enseñanza. Y *"todo el que se rebela, y no permanece en la doctrina de Cristo, no tiene a Dios. El que permanece en la doctrina de Cristo, tiene al Padre y al Hijo"* (2 Juan 9). Así, el evangelio es todo él doctrina, es instrucción procedente de la vida de Cristo.

La última sección de la epístola revela claramente su objetivo. No se trata de proveer el terreno apropiado a la controversia, sino de ponerle fin llevando a sus lectores a someterse al Espíritu. Su propósito es restaurar a los que están pecando contra Dios, mientras intentan servirle en su propia y defectuosa manera, y llevarlos a servirle en verdad y en novedad de Espíritu. El argumento de la sección precedente de la epístola gira en torno a la constatación de que sólo es posible escapar a *"las obras de la carne"* –que son pecado– mediante la "*circuncisión*" de la cruz de Cristo: sirviendo a Dios en el Espíritu y no poniendo la confianza en la carne.

1. Hermanos, si alguno fuere tomado en alguna falta, vosotros que sois espirituales, restauradlo con espíritu de mansedumbre, considerándote a ti mismo, no sea que tú también seas tentado.

Cuando los hombres se disponen a hacerse justos por sí mismos, el orgullo, la jactancia y el espíritu de crítica los llevan a la abierta disputa. Así les sucedió a los gálatas, y así sucederá siempre. No puede ser de otra manera. Cada individuo tiene su propia concepción de la ley. Habiendo determinado a ser justificado por la ley, la reduce al nivel de su comprensión peculiar a fin de poder ser *él* mismo el juez. No puede evitar examinar a sus hermanos tanto como a sí mismo, para comprobar si alcanzan la debida altura de acuerdo con su medida. Si sus ojos críticos detectan a uno que no anda conforme a su regla, cae inmediatamente sobre el ofensor. Los que están llenos de justicia propia se erigen en guarda de sus hermanos hasta el punto de mantenerlos apartados de su compañía, a fin de no contaminarse entrando en contacto con ellos. En marcado contraste con ese espíritu, tan común en la iglesia, encontramos la exhortación con la que comienza el capítulo. En lugar de ir a la caza de faltas que condenar, hemos de ir a la caza de pecadores que salvar.

Dios dijo a Caín: "*Si bien hicieres, ¿no serás acepto? Pero Y si no hicieres bien, el pecado está a la puerta, y sobre ti será su deseo [deseando dominarte]. Pero tú debes dominarlo*" (Gén. 4:7). El pecado es una bestia salvaje que se agazapa en lo secreto, acechando la menor oportunidad para atacar y vencer al incauto. Es más fuerte que nosotros, pero se nos ha dotado de poder para dominarlo. "*No reine, pues, el pecado en vuestro cuerpo mortal*" (Rom. 6:12). Sin embargo, es posible -no necesario- que hasta el más celoso resulte vencido. "*Hijitos míos, esto os escribo para que no pequéis. Pero si alguno hubiere pecado, Abogado tenemos ante el Padre, a Jesucristo el Justo. Él es la víctima por nuestros pecados. Y no sólo por los nuestros, sino también por los de todo el mundo*" (1 Juan 2:1 y 2). Así, aunque uno pueda tropezar, es restaurado; no rechazado.

El Señor representa su obra mediante el pastor que busca la oveja que se perdió. La obra del evangelio tiene una naturaleza individual. Incluso aunque por la predicación del evangelio miles puedan aceptarlo en un solo día, el éxito depende de su efecto en el corazón de cada persona. Cuando el predicador que habla a miles llega individualmente a cada uno de ellos, está haciendo la obra de Cristo. Así, si alguien cae en una falta, restáuralo con espíritu de mansedumbre. Ningún tiempo puede considerarse malgastado, si se dedica a salvar aunque sea a una sola persona. Algunas de las más importantes y gloriosas verdades de las que tenemos constancia en la Escritura fueron comunicadas por Cristo a una sola alma. El que se desvive buscando las ovejas solitarias del rebaño, es un buen pastor.

"Dios estaba en Cristo reconciliando consigo al mundo, no atribuyendo a los hombres sus pecados. Y nos encargó a nosotros la palabra de la reconciliación" (2 Cor. 5:19). *"Él mismo llevó nuestros pecados en su cuerpo sobre el madero"* (1 Ped. 2:24). No nos imputó a nosotros nuestros pecados, sino que los tomó todos ellos sobre sí mismo. *"La blanda respuesta aquieta la ira"* (Prov. 15:1). Cristo viene a nosotros con palabras de ternura, a fin de ganar nuestro corazón. Nos llama para que acudamos a Él y hallemos descanso, para que cambiemos nuestro amargo yugo de esclavitud por su yugo fácil y su carga ligera.

Todos los cristianos son uno en Cristo, el Representante del hombre. Por lo tanto, *"como Él es, así somos nosotros en este mundo"* (1 Juan 4:17). Cristo estuvo en este mundo como un ejemplo de lo que los hombres deberían ser, y de lo que sus verdaderos seguidores serán cuando se consagren totalmente a Él. Dice a sus discípulos: *"Como me envió el Padre, así también yo os envío"* (Juan 20:21). Es con ese objetivo que los reviste de su propio poder mediante el Espíritu. *"Dios no envió a su Hijo al mundo para condenar al mundo, sino para que el mundo sea salvo por Él"* (Juan 3:17). Por lo tanto, no se nos envía a condenar, sino a salvar. De ahí la amonestación: *"si alguno ha caído en alguna falta... restauradlo"*. El ámbito de la exhortación no se reduce a aquellos con los que estamos asociados en el cuerpo de la iglesia. Se nos envía como embajadores de Cristo para que roguemos *a todo hombre* que se reconcilie con Dios (2 Cor. 5:20). Ningún otro oficio en el cielo o en la tierra comporta un honor mayor que el de ser embajador de Cristo, y es precisamente esa tarea la que se le asigna hasta al más insignificante y despreciado pecador que se reconcilia con Dios.

"Vosotros Que Sois Espirituales"

Sólo a quienes son *"espirituales"* se encomienda la restauración de los que cayeron. Ningún otro *puede* hacerlo. Sólo el Espíritu Santo ha de hablar mediante los que han de reprender y corregir. Se trata de la obra misma de Cristo, y es solamente por el poder del Espíritu que alguien puede ser su testigo.

Pero ¿no es acaso un acto de la mayor presunción, el que alguien vaya a restaurar a un hermano? ¿No equivale a pretender que uno es "espiritual"?

De hecho, no es poca cosa el estar en lugar de Cristo, ante el hombre caído. El plan de Dios es que cada uno vele por sí mismo, "cuidando que tú también no seas tentado". La regla que aquí se expone está calculada para producir un reavivamiento en la iglesia. Tan pronto como alguien cae en alguna falta, el deber de cada uno no es ir de inmediato a decírselo a algún otro, ni siquiera ir directamente al que cayó, sino preguntarse uno mismo: '¿Cómo estoy yo? ¿Cuál es mi situación? ¿Acaso no soy culpable, si no de la misma falta, quizá de alguna igualmente reprobable? ¿No podría incluso ser que alguna falta en mí le haya llevado a su falta? ¿Estoy andando en el Espíritu, de forma que pueda restaurarlo, en lugar de alejarlo todavía más?' Esa mentalidad resultaría en una completa reforma en la iglesia, y bien podría suceder que para cuando los demás hubiesen llegado a la condición en la que poder dirigirse al que cayó, éste hubiese ya escapado de la trampa del diablo.

En relación con la forma de tratar al que cayó en transgresión (Mat. 18:15-18), Jesús dijo: "Os aseguro que todo lo que ates en la tierra, será atado en el cielo; y todo lo que desates en la tierra, será desatado en el cielo" (vers. 18). ¿Significa esto que Dios se somete a la decisión que cualquier compañía de creyentes -que se considere su iglesia- pueda tomar? Ciertamente no. Nada de lo que se hace en la tierra puede condicionar la voluntad de Dios. La historia de la iglesia en los aproximadamente dos mil años pasados es un cúmulo de errores y despropósitos, una carrera de exaltación propia y de poner el yo en el lugar de Dios.

¿Qué quiso decir entonces Cristo con eso? Exactamente lo que dijo. Que la iglesia tiene que ser espiritual, llena del espíritu de mansedumbre; y que cada uno, al hablar, tiene que hacerlo como portavoz de Dios. <u>Sólo la palabra de Cristo ha de estar en el corazón y labios de todo el que haya de tratar con el transgresor</u>. Cuando así sucede, dado que la palabra de Dios está establecida por siempre en los cielos, resulta que todo lo que se atare en la tierra "habrá sido atado en el cielo". Pero eso no sucederá a menos que se siga estrictamente la Escritura, en la letra y en el espíritu.

2. *Sobrellevad los unos las cargas de los otros, y cumplid así la Ley de Cristo.*

"La Ley de Cristo" se cumple cuando cada uno lleva la carga de los otros, puesto que la ley de la vida de Cristo es llevar cargas. "Tomó Él mismo nuestras enfermedades, y cargó con nuestras dolencias". Todo el que quiera cumplir su ley ha de continuar la misma obra en favor de los cansados y abatidos.

"Por eso debía ser en todo semejante a sus hermanos... y como Él mismo padeció al ser tentado, es poderoso para socorrer a los que son tentados" (Heb. 2:17 y 18). Él sabe lo que es ser penosamente tentado, y sabe también cómo vencer. Aunque "no conoció pecado", fue hecho pecado por nosotros a fin de que podamos ser hechos justicia de Dios en Él (2 Cor. 5:21). Tomó cada uno de nuestros pecados y los confesó ante Dios como suyos propios.

Y es así como viene a nosotros. En lugar de recriminarnos por nuestro pecado, nos abre su corazón y nos hace saber cuánto sufrió con la misma congoja, dolor, pena y vergüenza. Gana con ello nuestra confianza. Sabiendo que Él pasó por la misma experiencia, que estuvo postrado en las mismas profundidades, nos aprestamos a oírle cuando nos presenta la vía de escape. Sabemos que habla por experiencia.

Por lo tanto, lo más importante al salvar a los pecadores es mostrarnos uno con ellos. Es confesando nuestras propias faltas como salvamos a los demás. El que se siente sin pecado, no es ciertamente el que podrá restaurar al pecador. Si dices a alguien que cayó en la transgresión: '¿Cómo pudiste hacer una cosa así? ¡Yo jamás he hecho nada parecido en toda mi vida! ¡No comprendo cómo alguien con el más mínimo sentido del respeto propio haya podido caer en eso!', si así le hablas, habrías hecho mucho mejor quedándote en casa. Dios escogió a un fariseo, y sólo a uno, para ser su apóstol. Y no fue enviado hasta no haberse reconocido como el principal entre los pecadores.

Es humillante confesar el pecado, pero el camino de la salvación es el camino de la cruz. Es sólo mediante la cruz como Cristo pudo ser el Salvador de los pecadores. Por lo tanto, si hemos de compartir su gozo, tenemos que sufrir la cruz también con Él, "menospreciando la vergüenza". Recuerda esto: <u>Es solamente confesando nuestros propios pecados como podemos salvar a otros de los suyos</u>. Sólo así les podemos mostrar el camino de la salvación. El que confiesa sus pecados es el único que obtiene purificación de ellos, pudiendo así conducir a otros a la Fuente.

3. Porque el que se cree ser algo, no siendo nada, a sí mismo se engaña. 4. Así que, cada uno examine su propia obra, y entonces tendrá de que gloriarse, y no en otro.

Fíjate en las palabras: "no siendo nada". No dice que no debiéramos creernos algo hasta tanto no hayamos llegado a serlo. Por el contrario, se trata de la llana constatación de un hecho: *no somos nada*. No solamente un solo individuo; también todas las naciones juntas son nada ante el Señor. <u>Siempre que creamos que somos algo, nos estaremos engañando a nosotros mismos</u>. Y lo hacemos a menudo, dañando así la obra del Señor.

¿Recuerdas "la ley de Cristo"? Aunque Él lo era todo, "se despojó a sí mismo" a fin de que pudiese hacerse la voluntad de Dios. *"El siervo no es mayor que su señor"* (Juan 13:16). Sólo Dios es grande. *"Ciertamente todo hombre, aun en su mejor estado, es completa vanidad"* (Sal. 39:5). *"Sea Dios veraz, y todo hombre mentiroso"* (Rom. 3:4). Cuando reconocemos lo anterior y vivimos conscientes de ello, nos ponemos en la situación en la que el Espíritu Santo puede llenarnos, haciendo posible que Dios obre a través nuestro. El "hombre de pecado" es aquel que se exalta a sí mismo (2 Tes. 2:3 y 4). El hijo de Dios es el que se humilla.

5. Porque cada cual llevará su propia carga.

¿Contradice al versículo dos? De ningún modo. La Escritura nos dice que llevemos cada uno la carga de los demás, ¡no que arrojemos la nuestra sobre ellos! *"Echa sobre el Señor tu carga"* (Sal. 55:22). Cada uno ha de poner su carga sobre el Señor. Él lleva la carga de toda la humanidad, no en masa, sino individualmente por cada uno. No ponemos nuestras cargas sobre Él reuniéndolas en nuestras manos o en nuestra mente, y arrojándolas hacia Alguien distante de nosotros. Así es imposible. Muchos han procurado de ese modo liberarse de su carga de pecado, dolor, congoja y pena, sin lograrlo. Volvieron a sentirla gravitando de forma más y más pesada sobre ellos, hasta dejarlos en la desesperación. ¿Dónde estuvo el problema? En que miraron a Cristo como alguien distante, y pensaron que les correspondía a ellos tender el puente sobre la sima. Pero eso no es posible. El hombre -*"cuando aún éramos débiles"*- no puede alejar de sí su carga, ni en la corta distancia de sus propios brazos. Por tanto tiempo como mantengamos al Señor alejado, aunque sólo sea en la longitud de nuestros brazos, nos privaremos del reposo de la pesada carga. Es solamente cuando lo reconocemos y confesamos como nuestro único sustento, nuestra vida, Aquel cuyo poder nos proporciona cada movimiento, y por lo tanto confesamos que no somos nada y desaparecemos en nuestra insignificancia -dejando de engañarnos a nosotros mismos-, es entonces cuando permitimos que Él lleve nuestra carga. Cristo sabe cómo manejarla. Y llevando su yugo, aprendemos de Él cómo llevar las cargas de otros.

¿Qué hay, entonces, a propósito de llevar nuestra propia carga? ¡Es "el poder que opera en nosotros" el que la lleva! *"Con Cristo estoy juntamente crucificado, y ya no vivo yo, mas Cristo vive en mí"* (Gál. 2:20). Se trata de mí; pero no yo, sino Él.

¡Aprendí el secreto! No cansaré a ningún otro haciéndole partícipe de mi pesada carga, sino que yo mismo la llevaré; pero no yo, sino Cristo en mí. Puesto que hay muchos en el mundo que aún no aprendieron esta lección de Cristo, todo hijo de Dios encontrará ocasión de llevar las cargas de algún otro. La suya propia la confiará al Señor. ¿No es maravilloso que "aquel que es poderoso" lleve siempre nuestra carga?

Aprendemos esa lección de la vida de Cristo. Anduvo haciendo bienes porque Dios estaba con Él. Consolaba a los enlutados, sanaba a los de corazón quebrantado, liberaba a los que eran oprimidos por el diablo. Ni uno solo de los que acudieron a Él llevándole sus penas y enfermedades quedó sin alivio. *"Para que se cumpliese lo que fue dicho por el profeta Isaías: 'Él mismo tomó nuestras enfermedades y llevó nuestras dolencias'"* (Mat. 8:17).

Y después, cuando la noche acostaba a las multitudes en sus camas, Jesús buscaba las montañas o el bosque, para que en comunión con el Padre -por quien vivía- pudiese obtener renovada provisión de vida y fortaleza para su propia alma. "Cada uno examine su propia obra". *"Examinaos a vosotros mismos para ver si estáis en la fe. Probaos a vosotros mismos. ¿No reconocéis que Cristo está en vosotros? A menos que estéis reprobados"* (2 Cor. 13:5). *"Porque aunque fue crucificado en debilidad, vive por el poder de Dios. También nosotros somos débiles en Él, pero por el poder de Dios, viviremos con Él para serviros a vosotros"* (vers. 4). Así, si nuestra fe nos prueba que Cristo está en nosotros (y la fe demuestra la realidad del hecho), tendremos de qué gozarnos ante nosotros y no ante otro. Nos gozamos en Dios mediante nuestro Señor Jesucristo, y nuestro gozo no depende de ninguna otra persona en el mundo. Aunque todos se desanimaran y cayeran, resistiremos, puesto que *"el fundamento de Dios permanece firme"* (2 Tim. 2:19).

Por lo tanto, que nadie que se tenga por cristiano se conforme con apoyarse en algún otro. Aunque sea el más débil entre los débiles, sea siempre un portador de cargas, un obrero juntamente con Dios, llevando en Cristo su propia carga y la de su prójimo, sin quejas ni impaciencia. Puede incluso descubrir alguna de las cargas por las que su hermano no expresa lamento alguno, y llevarla también. Y lo mismo puede hacer el otro. El débil se gozará entonces así: *"Porque mi fortaleza y mi canción es el Señor, quien ha sido salvación para mí"* (Isa. 12:2).

6. El que es enseñado en la Palabra, haga partícipe de toda cosa buena al que lo instruye.

Sin duda alguna eso se refiere primariamente a los recursos temporales. Si un hombre se dedica enteramente al ministerio de la Palabra, es evidente que las cosas necesarias para su manutención deben proceder de aquellos a quienes enseña. Ahora bien, el significado de la exhortación no se agota ahí. Aquel que recibe instrucción en la Palabra, debe compartir con el instructor "toda cosa buena". El tema del presente capítulo es la ayuda mutua. "Sobrellevad los unos las cargas de los otros". También aquel que instruye a los demás y recibe de ellos el sustento material ha de emplear su dinero para asistir a otros. Cristo y los apóstoles, que no poseían nada de su propiedad - puesto que Cristo fue el más pobre entre los pobres y los discípulos lo habían dejado todo para seguirle- asistieron a los pobres con sus ínfimos recursos (Juan 13:29).

Cuando los discípulos propusieron a Jesús que despidiera las multitudes a fin de que pudiesen aprovisionarse por ellas mismas, Él respondió: *"No necesitan irse. Dadles vosotros de comer"* (Mat. 14:16). Jesús no estaba bromeando. Quería decir precisamente lo que dijo. Sabía que los discípulos no tenían nada que dar a la gente, *pero tenían tanto como tenía Él*. No comprendieron el poder de sus palabras, por lo tanto, Él mismo tomó los panecillos y los dio a los discípulos, de forma que ellos pudieron dar de comer a los hambrientos. Pero las palabras que les dirigió significan que ellos debían hacer precisamente como Él. <u>Cuántas veces nuestra propia falta de fe en la palabra de</u>

Cristo nos ha privado de obrar el bien y compartir lo que tenemos. Y es una lástima, porque "*tales sacrificios agradan a Dios*" (Heb. 13:16).

De igual forma en que quien enseña, no sólo comparte la Palabra sino también recursos materiales, aquellos que reciben la enseñanza de la palabra no deben limitar su liberalidad meramente a las cosas temporales. Es un error la suposición de que los ministros del evangelio no están nunca en necesidad de refrigerio espiritual, o que no pueden recibirlo hasta del más débil del rebaño. Es imposible describir hasta qué punto proporcionan aliento al alma del instructor los testimonios de gozo y fe en el Señor dados por aquellos que reciben la Palabra. No se trata de la simple constatación de que su labor no fue en vano. Puede muy bien ser que el testimonio no contenga referencias inmediatas a lo que se ha impartido, pero el gozoso y humilde testimonio de lo que Dios hizo por el oidor, influyendo positivamente en el instructor, redundará con frecuencia en el fortalecimiento de cientos de almas.

7. No os engañéis, Dios no puede ser burlado; pues todo lo que el hombre sembrare, eso también segará. 8. Porque el que siembra para su carne, de la carne segará corrupción; mas el que siembra para el Espíritu, del Espíritu segará vida eterna.

No es posible expresar con mayor claridad esa declaración de principios. La cosecha, que es el fin del mundo, revelará si la simiente era trigo o cizaña. "*Sembrad para vosotros en justicia, segad para vosotros en misericordia, arad para vosotros barbecho; porque es tiempo de buscar al Señor, hasta que venga a lloveros justicia*" (Oseas 10:12). "*El que confía en su propio corazón es necio*" (Prov. 28:26). Lo mismo cabe decir de quien confía en otros hombres, como se deduce del versículo 13 de Oseas 10: "*Habéis arado impiedad; y segasteis iniquidad. Comeréis fruto de mentira, porque confiasteis en tu camino y en la multitud de tus valientes*". "*Maldito el varón que confía en el hombre, y pone carne por su brazo*", sea ésta la suya propia o la de algún otro hombre. "*Bendito el varón que se confía en el Señor, y cuya confianza es Dios*" (Jer. 17:5, 7).

Todo aquello que perdura procede del Espíritu. La carne está corrompida y es fuente de corrupción. Quien consulta nada más su propia conveniencia, cumpliendo los deseos de la carne y de la mente, recogerá una cosecha de corrupción y muerte. "*El Espíritu es vida a causa de la justicia*" (Rom. 8:10), y el que consulta solamente la mente del Espíritu, cosechará eterna gloria. "*Si vivís conforme a la carne, moriréis. Pero si por el Espíritu dais muerte a las obras de la carne, viviréis*"

(Rom. 8:13). ¡Maravilloso! Si vivimos, morimos; y si morimos, vivimos. Éste es el testimonio de Jesús: "*El que quiera salvar su vida, la perderá; y el que pierda su vida por causa de mí, la hallará*" (Mat. 16:25).

Eso no equivale a la pérdida del gozo en el presente. No implica la continua privación y penuria, la sentida carencia de algo que anhelamos, con el fin de obtener otra cosa. No significa que la existencia presente haya de ser una muerte en vida, una lenta agonía. ¡Lejos de ello! Esa es una concepción errónea y falsa de la vida cristiana: una vida que más bien habría que llamar muerte. No; porque todo el que acude a Cristo y bebe del Espíritu, tiene "*en Él una fuente de agua, que brota para vida eterna*" (Juan 4:14). El gozo de la eternidad es ahora suyo. Su gozo es completo día tras día. Resulta "*plenamente saciado de la abundancia de tu casa*" (Sal. 36:8), bebiendo del manantial del propio deleite de Dios. Posee todo aquello que desea, puesto que su corazón clama solamente por Dios, en quien mora toda plenitud. Una vez creyó estar descubriendo la vida, pero ahora sabe que en realidad no estaba haciendo más que mirar hacia la tumba, a la fosa de la corrupción. Ahora es cuando de verdad comienza a vivir, y el gozo de la nueva vida es "inefable y glorioso", de forma que canta:

> La tierna voz del Salvador
> nos habla conmovida.
> Oíd al Médico de amor,
> que da a los muertos vida.
> Nunca los hombres cantarán,
> nunca los ángeles en luz
> nota más dulce entonarán
> que el nombre de Jesús.
>
> (Himno 124)

Un militar sagaz procura golpear especialmente las posiciones enemigas de mayor valor estratégico. Así, allí donde se encuentre una sustanciosa promesa para los creyentes, satanás intenta distorsionarla convirtiéndola en motivo de desánimo. Ha logrado hacer creer a muchos que la palabra: "El que siembra para su carne, de la carne segará corrupción" significa que, incluso tras haber nacido del Espíritu, uno debe seguir sufriendo las consecuencias de su vida anterior de pecado. Algunos han llegado a suponer que incluso en la eternidad deberán llevar las cicatrices de sus antiguos pecados, lamentándose en términos como éstos: 'Jamás podré llegar a ser aquello que debería haber sido si nunca hubiese pecado'.

¡Qué difamación de la gracia de Dios, y de la redención en Cristo Jesús! No es esa la libertad en la que Cristo nos hace libres. La exhortación dice: *"Así como solíais ofrecer vuestros miembros a las impurezas y a la iniquidad, así ahora presentad vuestros miembros para servir a la justicia, que conduce a la santidad"* (Rom. 6:19). Si el que se somete de tal forma a la justicia hubiese de estar por siempre limitado por causa de sus malos hábitos en el pasado, quedaría demostrado que el poder de la justicia es inferior al del pecado. Pero la gracia de Dios es tan poderosa como los cielos.

Imagina a alguien que fue condenado a cadena perpetua por sus crímenes. Tras haber estado unos años en prisión, es perdonado y puesto en libertad. Algún tiempo después nos lo encontramos, y descubrimos una bola de hierro de treinta kilos esposada a su tobillo mediante una gruesa cadena, de forma que sólo con gran dificultad puede arrastrarse de un sitio a otro. '¿Cómo? ¿Qué significa esto?', – le preguntamos asombrados. '¿No te dejaron ir libre?'.

'¡Oh sí!' –nos responde, 'Soy libre, pero tengo que llevar este lastre como recordatorio de mis crímenes precedentes'.

Toda plegaria inspirada por el Espíritu Santo es una promesa de Dios. Una de ellas, rebosante de gracia, es esta: *"De los pecados de mi juventud y de mis rebeliones, no te acuerdes. Conforme a tu misericordia, acuérdate de mí, por tu bondad, oh Señor"* (Sal. 25:7).

Cuando Dios perdona y olvida nuestros pecados, nos proporciona un poder tal para escapar de ellos, que venimos a ser como si nunca hubiésemos pecado. Mediante las "preciosas y grandísimas promesas" que nos ha dado, hace que *"lleguemos a participar de la naturaleza divina, y nos libremos de la corrupción que está en el mundo por causa de los malos deseos"* (2 Ped. 1:4). El hombre cayó al comer del árbol del conocimiento del bien y del mal. El evangelio presenta una redención tal de la caída, que todas las negras memorias del pecado quedan borradas. Los redimidos llegarán a conocer sólo el bien, como Cristo, quien "no conoció pecado".

Los que siembran para la carne, de la carne segarán corrupción, como todos hemos tenido la ocasión de comprobar personalmente. *"Pero vosotros no vivís según la carne, sino según el Espíritu, si es que el Espíritu de Dios habita en vosotros"* (Rom. 8:9). El Espíritu tiene poder para liberarnos del poder de la carne, y de todas sus consecuencias.

"Cristo amó a la iglesia, y se entregó a sí mismo por ella, para santificarla limpiándola en el lavamiento del agua por la Palabra, para presentársela gloriosa para sí, una iglesia que no tuviese mancha ni arruga, ni cosa semejante; sino que fuese santa y sin mancha" (Efe. 5:25-27). "Por su llaga fuimos curados". <u>La memoria del pecado, no de los pecados individuales, persistirá por la eternidad solamente en las cicatrices de las manos, los pies y el costado de Cristo</u>. Constituyen el sello de nuestra perfecta redención.

9. *No nos cansemos, pues, de hacer el bien, porque a su tiempo segaremos, si no desmayamos.*

Cuando no miramos a Jesús nos cansamos muy fácilmente de hacer el bien. Añoramos descanso, debido a que imaginamos que la continua práctica del bien debe ser extenuante. Pero eso sólo es así porque no hemos comprendido plenamente el gozo del Señor, la fortaleza que nos impide desfallecer. *"Los que esperan en el Señor tendrán nuevas fuerzas, levantarán el vuelo como águilas; correrán, y no se cansarán; caminarán, y no se fatigarán"* (Isa. 40:31).

Tal como muestra el contexto, el tema principal no es aquí simplemente resistir la tentación en nuestra propia carne, sino ayudar a otros. Necesitamos en este punto aprender la lección de Cristo, quien *"no se cansará ni desmayará, hasta que haya establecido juicio en la tierra"* (Isa. 42:4). Aunque muchos de los que curó nunca mostraron el más mínimo atisbo de agradecimiento, eso no le hizo cambiar en nada. Vino a hacer el bien, no a procurar el aprecio de los demás. Por lo tanto, *"por la mañana, siembra tu semilla, y a la tarde no dejes reposar tu mano; porque tú no sabes qué es lo mejor, si esto o aquello, o si las dos cosas son buenas"* (Ecl. 11:6).

No nos es dado saber cuánto segaremos, ni cuál será la siembra a partir de la cual lo haremos. Una parte de ella puede haber caído a los lados del camino y ser arrebatada antes de poder echar raíces; otra puede caer en terreno pedregoso, secándose; y aun otra puede caer entre los cardos, quedando asfixiada. Pero una cosa es cierta: ¡segaremos! No sabemos si prosperará la siembra de la mañana, o la que hicimos por la tarde, o si las dos lo harán. Pero no existe la posibilidad de que las dos fracasen. Prosperará una, la otra... ¡o las dos!

¿No es eso un estímulo suficiente como para no cansarnos de hacer el bien? El terreno puede parecer pobre, y la estación poco prometedora. Pueden darse los peores pronunciamientos para la cosecha, y podemos estar tentados a pensar que toda nuestra labor fue en vano. Pero NO es así. "A su tiempo segaremos". *"Así, amados hermanos míos, estad firmes y constantes, abundando en la obra del Señor siempre, sabiendo que vuestro trabajo en el Señor no es en vano"* (1 Cor. 15:58).

10. Así que, según tengamos oportunidad, hagamos bien a todos, y especialmente a los de la familia de la fe.

Esto nos permite concluir que el apóstol se está refiriendo a la ayuda material, puesto que no tendría sentido recordarnos que prediquemos la Palabra a los que no son de la fe: a ellos especialmente es a quienes hay que predicarla. Pero hay una tendencia natural –entiéndase *natural*, en contraposición con espiritual– a limitar la benevolencia a los que se considera que 'lo merecen'. Oímos mucho sobre los "pobres que no merecen otra cosa". Pero todos somos indignos hasta de la más pequeña de las bendiciones de Dios; y aun así, nos las concede continuamente. *"Si hacéis bien a los que os hacen bien, ¿qué mérito tenéis? También los pecadores hacen lo mismo. Y si prestáis a aquellos de quienes esperáis recibir, ¿qué mérito tenéis? También los pecadores prestan a los pecadores, para recibir otro tanto. Amad, pues, a vuestros enemigos, haced bien y prestad, sin esperar de ello nada. Y vuestro galardón será grande, y seréis hijos del Altísimo; porque Él es benigno aun con los ingratos y malos"* (Luc. 6:33-35).

Debemos considerar el hacer bien a otros como un privilegio gozoso, y no como un deber ingrato, a eludir en lo posible. Nunca nos referimos a las cosas desagradables en términos de "oportunidades". Nadie dice que tuvo la oportunidad de lesionarse, o de perder algún dinero. Al contrario, decimos que tuvimos la oportunidad de ganar alguna suma, o de escapar a algún peligro que nos amenazaba. Así es como hemos de considerar la benevolencia hacia los necesitados.

Pero las oportunidades hay que buscarlas siempre. Los hombres se afanan procurando oportunidades de hacer ganancias. El apóstol nos exhorta a que *busquemos* de igual manera oportunidades para ayudar a alguien. Así lo hizo Cristo. *"Anduvo haciendo bienes"*. *Recorrió el país a pie, buscando ocasiones de hacer algún bien a alguien, y las encontró. Hizo el bien, "porque Dios estaba con Él"* (Hech. 10:38). Su nombre es Emmanuel, que significa "Dios con nosotros". Dios está con nosotros todos los días hasta el fin del mundo, haciéndonos bien, para que también nosotros podamos hacerlo a otros.

11. Mirad cuán grandes letras os he escrito con mi propia mano.

Es posible ver el celo que inflamaba al apóstol Pablo al escribir la epístola en el hecho de que, contrariamente a su costumbre, tomó la pluma y se puso a escribir la carta -o parte de ella- de su propio puño y letra. Como se puede inferir del capítulo cuarto, Pablo padecía algún problema en la vista. Eso le impedía hacer su obra, o más bien se lo habría impedido, de no ser por el poder de Dios que en él moraba. Necesitaba siempre que hubiese alguna persona asistiéndole. Algunos se aprovecharon de esa circunstancia para escribir cartas espurias a las iglesias en nombre de Pablo, trastornando así a los hermanos (2 Tes. 2:2). Pero en la segunda carta a los Tesalonicenses les mostró cómo podrían saber si una epístola venía o no de él: sea quien fuere el que escribiese el cuerpo de la carta, él mismo estamparía la salutación y la firma, de su propia mano. En esta ocasión, no obstante, la urgencia era tal que muy probablemente escribió él mismo toda la epístola.

12. *Todos los que quieren agradar en la carne, os obligan a que os circuncidéis, sólo por no padecer persecución por la cruz de Cristo.*

Es imposible engañar a Dios, y de nada sirve engañarnos a nosotros mismos, o a los demás. *"El Señor no mira lo que el hombre mira; el hombre mira lo que está ante sus ojos, pero el Señor mira el corazón"* (1 Sam. 16:7). La circuncisión en la que los "falsos hermanos" querían persuadir a los gálatas a que confiasen, significaba la justicia propia, en lugar de la justicia por la fe. Tenían la ley solamente como *"la forma del conocimiento y de la verdad"* (Rom. 2:20). Con sus obras podían hacer una siembra "conveniente" para la carne; una siembra vacía, puesto que en ella no había realidad alguna. Podían parecer justos sin padecer persecución por la cruz de Cristo.

13. *Porque ni aún los mismos que se circuncidan guardan la Ley; sino que quieren que vosotros seáis circuncidados, para gloriarse en vuestra carne.*

No guardaban la ley en absoluto. La carne se opone a la ley del Espíritu, y *"los que viven según la carne no pueden agradar a Dios"* (Rom. 8:8). Pero procuraban obtener conversos para lo que ellos pudieron denominar "nuestra fe", como llaman muchos a las teorías particulares que sostienen. Cristo dijo: *"¡Ay de vosotros, escribas y fariseos hipócritas! Porque recorréis mar y tierra para hacer un prosélito; y una vez hecho, lo hacéis dos veces más hijo del infierno que vosotros"* (Mat. 23:15). Tales maestros se gloriaban en la carne de sus "conversos". Si logran que cierta cantidad de personas se incorporen a "nuestra denominación", tanta "ganancia" en el pasado año, se sienten virtuosamente felices. El número y las apariencias importan mucho a los hombres, pero nada a Dios.

14. Mas lejos esté de mí gloriarme, sino en la cruz de nuestro Señor Jesucristo, por quien el mundo me es crucificado a mí, y yo al mundo.

<u>¿Por qué gloriarse en la cruz?</u> Porque mediante ella el mundo nos es crucificado, y nosotros lo somos al mundo. La epístola termina como comenzó, con la liberación de este "presente siglo malo". Sólo la cruz cumple esa liberación. La cruz es un símbolo de humillación. Por lo tanto, nos gloriamos en ella.

Dios Se Revela En La Cruz

"No se alabe el sabio en su sabiduría, ni de su valentía se alabe el valiente, ni el rico se alabe de su riqueza" (Jer. 9:23). ¿Por qué no debe alabarse el sabio de su sabiduría? Porque hasta donde su sabiduría sea la suya propia, es necedad. "La sabiduría de este mundo es insensatez ante Dios" (1 Cor. 3:19). Ningún hombre tiene sabiduría alguna en la cual gloriarse. La sabiduría que Dios da lleva a la humildad, no al envanecimiento.

¿Qué diremos del poder? *"Que toda carne es hierba"* (Isa. 40:6). *"Ciertamente, el hombre en su mejor estado, es completa vanidad"* (Sal. 39:5). *"Los hombres son apenas un soplo, tanto el pobre como el rico. Si se pesaran todos juntos en balanza, pesarían menos que un soplo"*. Pero *"de Dios es el poder"* (Sal. 62:9, 11).

En cuanto a las riquezas, confiar en ellas es "incertidumbre" (1 Tim. 6:17). *El hombre se afana en vano; "amontona riquezas, sin saber para quién"* (Sal. 39:6). *"¿Has de poner tus ojos en lo que no es nada? Porque las riquezas se harán alas, como alas de águilas, y volarán al cielo"* (Prov. 23:5). Sólo en Cristo se hallan las riquezas inescrutables y eternas.

Por lo tanto, el hombre no tiene absolutamente nada de qué enorgullecerse. ¿Qué queda del hombre que carece de toda riqueza, sabiduría y poder? Todo cuanto el hombre es o tiene, procede del Señor. Es por ello que *"el que se gloría, gloríese en el Señor"* (1 Cor. 1:31).

Relaciona lo anterior con Gálatas 6:14. El mismo Espíritu inspiró ambas Escrituras, así que no pueden estar en mutua contradicción. En un lugar leemos que nos hemos de gloriar sólo en el conocimiento del Señor. En el otro que no hay nada de que gloriarse, excepto en la cruz de Cristo. Por lo tanto, la conclusión es que en la cruz de Cristo encontramos el conocimiento de Dios. Conocer a Dios es vida eterna (Juan 17:3), y no hay vida para el hombre fuera de la cruz de Cristo. Vemos, pues, una vez más, que todo cuanto puede ser conocido de Dios, está revelado en la cruz. Fuera de la cruz no hay conocimiento de Dios.

Eso nos muestra a su vez que la cruz se manifiesta en toda la creación. El eterno poder y divinidad de Dios, todo cuanto podemos conocer de Él, se echan de ver en las cosas que creó, y <u>la cruz es poder de Dios</u> (1 Cor. 1:18). Dios genera fuerzas a partir de la flaqueza. Salva al hombre mediante muerte, de forma que hasta los que mueren pueden descansar en la esperanza. Ningún hombre es tan pobre, débil y pecaminoso, tan degradado y despreciado como para no poder gloriarse en la cruz. La cruz lo toca justamente en esa situación en la que está, puesto que es el símbolo de la vergüenza y degradación. Revela en él el poder de Dios, y ahí hay motivo para gloria eterna.

La Cruz Crucifica

La cruz nos separa del mundo. Nos une a Dios, ¡a Él sea la gloria! La amistad con el mundo es enemistad contra Dios. "*El que quiere ser amigo del mundo, se constituye en enemigo de Dios*" (Sant. 4:4). En la cruz, Cristo destruyó la enemistad (Efe. 2:15 y 16). "*Y el mundo y sus deseos se pasan. En cambio, el que hace la voluntad de Dios, permanece para siempre*" (1 Juan 2:17). Por lo tanto, dejemos que el mundo se pase.

> Dejo el mundo y sigo a Cristo,
> pues el mundo pasará;
> mas el tierno amor divino
> por los siglos durará.
> ¡Oh, qué amor inmensurable!
> ¡Qué clemencia, qué bondad!
> ¡Oh, la plenitud de gracia,
> prenda de inmortalidad!
>
> (Himno 266)

Jesús dijo: "*Y yo si fuere levantado de la tierra, a todos atraeré a mí mismo*" (Juan 12:32). Lo dijo para dar a entender de qué muerte había de morir: "*Se humilló a sí mismo, y se hizo obediente hasta la muerte, y muerte de cruz. Por eso Dios también lo exaltó hasta lo sumo, y le dio un Nombre que es sobre todo nombre"* (Fil. 2:8 y 9).

Fue mediante la muerte como ascendió a la diestra del trono de la Majestad en los cielos. Fue la cruz lo que lo elevó de la tierra al cielo. Por lo tanto, es sólo la cruz la que nos trae la gloria, y lo único en que podemos gloriarnos. La cruz, que significa afrenta y vergüenza para el mundo, nos eleva por encima de este mundo y nos sienta con Cristo en los lugares celestiales. Lo hace "por el poder que opera en nosotros", que es el mismo que sostiene todo el universo.

15. Porque en Cristo Jesús, ni la circuncisión vale nada, ni la incircuncisión, sino una nueva creación.

La salvación no procede del hombre, sea cual sea la condición de éste, o lo que él pueda hacer. En su estado incircunciso está perdido, y circuncidarse en nada lo acerca a la salvación. Sólo la cruz tiene poder para salvar. Lo único de valor es la nueva criatura o, como traducen algunas versiones, "la nueva creación". *"Si alguno está en Cristo, es una nueva creación"* (2 Cor. 5:17); y es sólo mediante la muerte como nos unimos a Él. *"¿No sabéis que todos los que hemos sido bautizados en Cristo Jesús, hemos sido bautizados en su muerte"* (Rom. 6:3).

> Crucificado en un madero;
> manso Cordero, mueres por mí.
> Por eso el alma triste y llorosa
> Suspira ansiosa, Señor, por ti.
>
> (Himno 95)

La cruz obra una nueva creación. Vemos aquí otra razón para gloriarnos en ella. Cuando la nueva creación salió de las manos de Dios en el principio, *"las estrellas todas del alba alababan, y se regocijaban todos los hijos de Dios"* (Job. 38:7).

La Señal de La Cruz

Relaciona los textos que hemos venido considerando: (1) La cruz de Cristo es lo único en lo que hemos de gloriarnos, (2) el que se gloría, debe hacerlo solamente en conocer a Dios, (3) Dios ha elegido a los más débiles del mundo para avergonzar a los sabios, de forma que nadie pueda gloriarse, excepto en Él, y (4) Dios se revela en las cosas que ha creado. La creación, que manifiesta el poder de Dios, presenta también la cruz, puesto que la cruz de Cristo es el poder de Dios, y Dios se da a conocer mediante ella.

¿Qué nos dice lo anterior? Que el poder que creó el mundo y

todas las cosas que hay en él, el poder que mantiene en existencia todas las cosas, es el mismo que salva a quienes en él confían. Es el poder de la cruz.

Así, el poder de la cruz, el único por el que viene la salvación, es el poder que crea y que continúa operando en la creación. Pero cuando Dios crea algo, es "bueno en gran manera". Por lo tanto, en Cristo, en su cruz, hay una "nueva creación". *"Porque somos hechura suya, creados en Cristo Jesús para buenas obras, que Dios de antemano preparó para que anduviésemos en ellas"* (Efe. 2:10). Es en la cruz donde se fragua esa nueva creación, pues su poder es aquel por el que "en el principio creó Dios los cielos y la tierra". Es el poder que guarda la tierra de desintegrarse bajo la maldición; el poder que trae la sucesión de las estaciones; el tiempo de la siembra y el de la cosecha; el que a la postre renovará toda la tierra. *"Florecerá profusamente, y también se alegrará y cantará con júbilo. La gloria del Líbano le será dada, la hermosura del Carmelo y de Sarón. Ellos verán la gloria del Señor, la hermosura del Dios nuestro"* (Isa. 35:2).

"Grandes son las obras del Señor, buscadas de todos los que se deleitan en ellas. Gloria y hermosura es su obra; y su justicia permanece para siempre. Hizo memorables sus maravillas; ¡Clemente y misericordioso es el Señor!" (Sal. 111:2-4).

Vemos aquí que las maravillosas obras de Dios revelan su justicia, tanto como su gracia y compasión. Esa es otra evidencia de que sus obras revelan la cruz de Cristo, en la que confluyen la infinitud del amor y la misericordia.

"Hizo memorables sus maravillas". ¿Por qué desea que el hombre recuerde y reconozca sus obras prodigiosas? Para que no olvide, sino que confíe en la salvación del Señor. Su voluntad es que el hombre medite continuamente en sus obras, de manera que pueda conocer el poder de la cruz. Así, cuando Dios hubo creado los cielos y la tierra en seis días, *"acabó Dios en el séptimo día la obra que hizo, y reposó en el séptimo día de todo lo que había hecho en la creación. Y Dios bendijo al séptimo día, y lo santificó, porque en él reposó de toda la obra que había hecho en la creación"* (Gén. 2:2 y 3).

La cruz nos proporciona el conocimiento de Dios al mostrarnos su poder como Creador. Mediante la cruz somos crucificados al mundo, y el mundo lo es a nosotros. Por la cruz somos santificados. La santificación es la obra de Dios, no la del hombre. Sólo su divino poder puede cumplir esa gran obra. En el principio Dios santificó el sábado como la corona de su obra creadora, la evidencia de que su obra estaba completa, el sello de la perfección. Por lo tanto, dice: "Les di también mis sábados, para que fuesen una señal entre mí y ellos, para que supiesen que Yo Soy el Dios que los santifico" (Eze. 20:12).

Vemos pues que el sábado, el séptimo día, es la verdadera señal de la cruz. Es el memorial de la creación, y la redención es creación: creación mediante la cruz. En la cruz encontramos las perfectas y completas obras de Dios, y somos revestidos de ellas. Estar crucificado con Cristo significa haber renunciado totalmente al yo, reconociendo que no somos nada, y confiando incondicionalmente en Cristo. En Él obtenemos el reposo. En Él encontramos el sábado. La cruz nos lleva de vuelta al comienzo, a *"lo que existía desde el principio"* (1 Juan 1:1). El reposo del séptimo día es la señal de que en la perfecta obra de Dios en la cruz –lo mismo que en la creación– encontramos reposo del pecado.

'Pero es difícil guardar el sábado; ¿qué voy a hacer con mi negocio?'; 'Si guardo el sábado no podré ganarme la vida'; '¡Es tan impopular!' Nadie ha pretendido nunca que sea algo placentero, el estar crucificado. *"Tampoco Cristo se agradó a sí mismo"* (Rom. 15:3). Lee el capítulo 53 de Isaías. Cristo no fue muy bien visto, y aún menos al ser crucificado. La cruz significa muerte, pero significa también la entrada en la vida. Hay bálsamo en las heridas de Cristo, hay bendición en la maldición que Él llevó, vida en la muerte que sufrió. ¿Quién podría pretender que confía en Cristo para la vida eterna, mientras que se niega a confiar en Él durante unos pocos años, meses o días de vida en este mundo?

Digámoslo una vez más, y digámoslo de corazón: "Lejos esté de mí gloriarme, sino en la cruz de nuestro Señor Jesucristo, por quien el mundo está crucificado para mí, y yo para el mundo". Si puedes decir eso con verdad, las tribulaciones y aflicciones te resultarán tan livianas que podrás gloriarte en ellas.

La Gloria de La Cruz

Es por la cruz como todo se sustenta. *"Todas las cosas subsisten en Él"* (Col. 1:17), y Él no existe en otra forma que no sea la del Crucificado. Si no fuera por la cruz, tendría lugar una muerte universal. Ni un solo hombre podría respirar, ni una planta crecer, ni un rayo de luz podría brillar del cielo, de no ser por la cruz.

Ahora bien, *"los cielos cuentan la gloria de Dios, y el firmamento anuncia la obra de sus manos"* (Sal. 19:1). Esas son algunas de las cosas que Dios ha hecho. Ninguna pluma puede describir, ningún pincel pintar la sobrecogedora gloria de los cielos. Sin embargo, esa gloria no es más que la gloria de la cruz de Cristo, como demuestran los hechos antes referidos. El poder de Dios se revela en las cosas creadas, y la cruz es poder de Dios.

La gloria de Dios es su poder, ya que "la incomparable grandeza de su poder hacia los que creemos" se manifestó en la resurrección de Jesucristo (Efe. 1:19 y 20). *"Cristo resucitó de los muertos por la gloria del Padre"* (Rom. 6:4). Fue por haber padecido muerte, por lo que Cristo fue coronado de gloria y de honra (Heb. 2:9).

Así, vemos que toda la gloria de las incontables estrellas, con sus diversos colores, y la gloria del arco iris, la gloria de las nubes doradas en la puesta del sol, la gloria del mar y de los campos en flor o de los verdes prados, la gloria de la primavera y de la cosecha en su madurez, la gloria de la yema que brota y la del fruto perfecto, toda la gloria que Cristo tiene en el cielo, y también toda la que ha de ser revelada en sus santos en el día en que "los justos resplandecerán como el sol en el reino de su Padre", es la gloria de la cruz. ¿Cómo podríamos pensar en gloriarnos en ninguna otra cosa?

16. Y a todos los que anduvieren conforme a esta regla, paz y misericordia sean sobre ellos, y sobre el Israel de Dios.

¡La regla de la gloria! ¡Qué gran regla por la que regirse! ¿Se mencionan ahí dos clases? Imposible, puesto que toda la epístola va encaminada a señalar que todos son uno en Cristo Jesús. *"Y vosotros estáis completos en Él, que es la cabeza de todo principado y potestad. En Él también fuisteis circuncidados con una circuncisión hecha sin mano, al despojaros del cuerpo de los pecados, mediante la circuncisión hecha por Cristo. Sepultados con Él en el bautismo, fuisteis también resucitados con Él, mediante la fe en el poder de Dios, que lo levantó de los muertos. A vosotros, que estabais muertos en pecados, en la incircuncisión de vuestra carne, os dio vida con Cristo, y perdonó todos vuestros pecados"* (Col. 2:10-13).

"Nosotros somos la verdadera circuncisión, los que adoramos según el Espíritu de Dios, y nos regocijamos en Cristo Jesús, y no ponemos nuestra confianza en la carne" (Fil. 3:3). Esa circuncisión nos constituye a todos

en el verdadero Israel de Dios, pues significa victoria sobre el pecado, e "Israel" quiere decir *vencedor*. Ya no estamos más "excluidos de la ciudadanía de Israel, ajenos a los pactos de la promesa", ya no somos *"extraños ni forasteros, sino conciudadanos con los santos, miembros de la familia de Dios, edificados sobre el fundamento de los apóstoles y de los profetas, siendo la principal piedra del ángulo Jesucristo mismo"* (Efe. 2:12, 19 y 29). Así, nos reuniremos con las multitudes que vendrán *"del oriente y del occidente, y se sentarán con Abrahán, Isaac y Jacob en el reino de los cielos"* (Mat. 8:11).

17. *De aquí en adelante nadie me cause molestias, porque yo llevo en mi cuerpo las marcas del Señor Jesús. 18. Hermanos, la gracia de nuestro Señor Jesucristo sea con vuestro espíritu. Amén.*

Lo que se ha traducido por "marcas" es la forma plural de la voz griega *stigma*. Implica vergüenza y desgracia. Antaño, a los responsables de crímenes, así como a los esclavos que habían sido sorprendidos intentando escapar, se los *estigma*tizaba mediante la colocación de una marca o señal en su cuerpo, que indicaba a quién pertenecían.

Tales son las señales de la cruz de Cristo. Pablo las llevaba. Había sido crucificado con Cristo y llevaba las huellas de sus clavos. Estaban marcadas en su cuerpo. Lo señalaban como un siervo, como el esclavo del Señor Jesús. Por lo tanto, que nadie interfiriese con él: no era siervo de los hombres. Debía lealtad solamente a Cristo, quien lo había comprado. Que nadie esperase verle servir al hombre o a la carne, pues Jesús lo había marcado con su señal, y no podía servir a ningún otro. Además, nadie debía entrometerse en su libertad en Cristo, o maltratarlo, pues su Señor protegería con toda seguridad aquello que le pertenecía.

¿Llevas tú esas marcas? Entonces puedes gloriarte en ellas. Si así lo haces, no te gloriarás en vano, ni resultarás envanecido.

¡Cuánta gloria hay en la cruz! Toda la gloria del cielo está en ese objeto despreciado. No en la figura de la cruz, sino en la cruz misma. El mundo no la reconoce como gloria. Pero tampoco reconoció al Hijo de Dios; ni reconoce al Espíritu Santo, porque no puede ver a Cristo.

Que Dios abra nuestros ojos para ver la gloria, de manera que podamos reconocer su valor. Que consintamos en ser crucificados con Cristo para que la cruz nos eleve a la gloria. En la cruz de Cristo hay salvación. Es el poder de Dios para guardarnos sin caída, pues nos eleva de la tierra al cielo. En la cruz está la nueva creación que el mismo Dios califica como buena "en gran manera". En ella está toda la gloria del Padre y toda la gloria de las edades eternas. Por lo tanto, Dios no permita que nos gloriemos en otra cosa que no sea la cruz de nuestro Señor Jesucristo, por la que el mundo nos es crucificado a nosotros, y nosotros al mundo.

> Hubo Uno que quiso por mí padecer
> y morir, por mi alma salvar;
> el camino cruento a la cruz recorrer,
> para así mis pecados lavar.
> ¡En la cruz, en la cruz mis pecados clavó!
> ¡Cuánto quiso por mí padecer!
> Con angustia a la cruz fue el benigno Jesús,
> y en su cuerpo mis culpas llevó.
>
> (Himno 90)

✳✳✳

*"Y me buscaréis y me hallaréis,
porque me buscaréis de todo vuestro corazón."*
Jeremías 29:13

www.ingramcontent.com/pod-product-compliance
Lightning Source LLC
Chambersburg PA
CBHW080859010526
44118CB00015B/2203